AF532917

Praxisbuch SAP® Interactive Forms und Adobe LiveCycle Designer

2. erweiterte Auflage

Ulrich Bähr
Axel Treusch

Willkommen bei Espresso Tutorials!

Unser Ziel ist es, SAP-Wissen wie einen Espresso zu servieren: Auf das Wesentliche verdichtete Informationen anstelle langatmiger Kompendien – für ein effektives Lernen an konkreten Fallbeispielen. Viele unserer Bücher enthalten zusätzlich Videos, mit denen Sie Schritt für Schritt die vermittelten Inhalte nachvollziehen können. Besuchen Sie unseren YouTube-Kanal mit einer umfangreichen Auswahl frei zugänglicher Videos: *https://www.youtube.com/user/EspressoTutorials*.

Kennen Sie schon unser Forum? Hier erhalten Sie stets aktuelle Informationen zu Entwicklungen der SAP-Software, Hilfe zu Ihren Fragen und die Gelegenheit, mit anderen Anwendern zu diskutieren:

http://www.fico-forum.de.

Eine Auswahl weiterer Bücher von Espresso Tutorials:

- Eik Sunke:
  Cloud-Entwicklung in SAP HANA®
  http://5516.espresso-tutorials.de
- Jörg Böke:
  Schnelleinstieg in SQLScript für SAP HANA®
  http://5519.espresso-tutorials.de
- Viktor Laufer, Rüdiger Deppe:
  ABAP-Programmierung unter SAP S/4HANA®
  http://5533.espresso-tutorials.de
- Tobias Steckenborn:
  Schnelleinstieg SAP Business Technology Platform (BTP) – Services und Integration
  http://5642.espresso-tutorials.de
- Johannes Gerbershagen:
  Praxishandbuch SAP® Gateway
  http://5648.espresso-tutorials.de
- Dr. Boris Rubarth:
  Schnelleinstieg in SAP ABAP® – 2., erweiterte Auflage
  https://es-tu.de/amfw2F

Qualifizieren Sie Ihre Mitarbeiter

ohne Reisekosten und externe Referenten

- 600+ E-Books und Videos in den Sprachen DE, EN, FR, PT, JP, ES
- Lernpfade
- Laufende Aktualisierung mit neuen Inhalten
- Zugang via Webbrowser oder App (iOS/Android)

Die Lernplattform:
https://et.training

7-Tage-Testzugang kostenfrei und unverbindlich:
https://et.training/testzugang

Erhalten Sie Ihr individuelles Angebot:
https://www.espresso-tutorials.de/firmenkunden/

Bibliografische Information der Deutschen Nationalbibliothek
Die Deutsche Nationalbibliothek verzeichnet diese Publikation in der Deutschen Nationalbibliografie; detaillierte bibliografische Daten sind im Internet über https://portal.dnb.de abrufbar.

Ulrich Bähr, Axel Treusch
Praxisbuch SAP® Interactive Forms und Adobe LiveCycle Designer –
2., erweiterte Auflage

ISBN: 978-3-960121-35-0

Lektorat: Anja Achilles

Korrektorat: Christine Weber

Coverdesign: Philip Esch

Coverfoto: iStockphoto.com | Aleksandra Nigmatulina No. 1149462774

Satz & Layout: Johann-Christian Hanke

2. Auflage 2022

© Espresso Tutorials GmbH, Gleichen 2022

URL: *www.espresso-tutorials.de*

Das vorliegende Werk ist in allen seinen Teilen urheberrechtlich geschützt. Alle Rechte sind vorbehalten, insbesondere das Recht der Übersetzung, des Vortrags, der Reproduktion und der Vervielfältigung. Espresso Tutorials GmbH, Bahnhofstr. 2, 37130 Gleichen, Deutschland.

Ungeachtet der Sorgfalt, die auf die Erstellung von Text und Abbildungen verwendet wurde, können weder der Verlag noch die Autoren oder Herausgeber für mögliche Fehler und deren Folgen eine juristische Verantwortung oder Haftung übernehmen.

Feedback:
Wir freuen uns über Fragen und Anmerkungen jeglicher Art. Bitte senden Sie diese an: *info@espresso-tutorials.com*.

Inhaltsverzeichnis

Vorwort

Wir geben seit Jahren Kurse zum Thema »LiveCycle Designer«. Dabei haben wir festgestellt, dass Anwendern ein gutes Nachschlagewerk fehlt. Wer erst sechs Wochen nach dem Kurs dazu kommt, sein erstes Formular zu entwickeln, benötigt ein Buch. Zudem finden sich viele Kniffe erst nach langem Googeln.

Diese Neuauflage bringt noch mehr Anleitungen aus der Praxis. Die neue Rolle der PDF-Formulare bei zunehmender Smartphone-Nutzung wird beleuchtet. Erstmalig wurde das Thema Duplexdruck vertieft. Zudem werden Möglichkeiten der Generierung von PDF-Formularen aufgezeigt.

Mit diesem Praxishandbuch wird ein Anfänger zum LiveCycle-Designer-Entwickler. Und wenn doch noch Fragen offen bleiben, dann können Sie ja immer noch einen Kurs besuchen.

Es ist (fast) egal, ob Sie den LiveCycle Designer für die

- **SAP-Interactive-Forms** nutzen oder für
- **LiveCycle-ES** (beliebiger Versionsstände) oder für die neue Adobe-Produktlinie
- **AEM-Forms**:

Die Anleitungen in diesem Buch passen in jedem Fall.

Zielgruppe

Wer profitiert von diesem Buch?

- Teilnehmer eines SAP-Interactive-Forms- bzw. Adobe-LiveCycle-Kurses, die begleitend zum Kurs mehr Informationen wünschen;
- Anfänger, die vor einiger Zeit an einem Kurs teilgenommen haben, sich aber nicht mehr an alle Details erinnern können;

- Hardcore-ABAP-Entwickler, die man zwingt, ein Interactive Form zu erstellen;
- Formularentwickler in Fachbereichen, die aktuell auf Interactive Forms/den LiveCycle Designer wechseln wollen/sollen und sich den LiveCycle Designer selbst anhand der Online-Hilfe und dieses Buches beibringen möchten, um die einzigartigen Möglichkeiten dieses Werkzeugs nutzen zu können;
- aufgeschlossene Menschen, die auf den LiveCycle Designer gestoßen sind und nun versuchen, ihn sich im Selbststudium beizubringen, weil sie die Karrierechancen darin erkennen.

☛ Dies ist keins der üblichen Bücher. Lesen Sie es nicht von vorn bis hinten!

Das Buch ist keine gedruckte Online-Hilfe – es ist eine Schatzkiste. Schnappen Sie sich nur das Kapitel, das Sie gerade brauchen. Den übrigen Kram in der Kiste lassen Sie einfach liegen.

Das Buch ist chronologisch nach dem Lebenszyklus eines Formular-Projekts aufgebaut. Denn wir verstehen jede Formularerstellung als Projekt. Es gehört einfach etwas mehr dazu, als Eingabefelder auf einer Formularseite zu platzieren, um ein Formularprojekt erfolgreich abzuschließen.

Danksagung

Wir möchten unseren Kursteilnehmern danken! Ihre Fragen zeigten, wo es oft hakt, wenn man in den LiveCycle Designer einsteigt.

Ein großer Dank gilt Petra Bähr für die Umformatierung und das kritische Korrekturlesen des Manuskripts.

Herr Kanngießer, KWP team HR GmbH, lieferte wertvolle Praxistipps.

In den Text sind Kästen eingefügt, um wichtige Informationen besonders hervorzuheben. Jeder Kasten ist zusätzlich mit einem Piktogramm versehen, das diesen genauer klassifiziert:

Hinweis

Hinweise bieten praktische Tipps zum Umgang mit dem jeweiligen Thema.

Beispiel

Beispiele dienen dazu, ein Thema besser zu illustrieren.

! Achtung

Warnungen weisen auf mögliche Fehlerquellen oder Stolpersteine im Zusammenhang mit einem Thema hin.

Die Form der Anrede

Um den Lesefluss nicht zu beeinträchtigen, verwenden wir im vorliegenden Buch bei personenbezogenen Substantiven und Pronomen zwar nur die gewohnte männliche Sprachform, meinen aber gleichermaßen Personen weiblichen und diversen Geschlechts.

Hinweis zum Urheberrecht

Sämtliche in diesem Buch abgedruckten Screenshots unterliegen dem Copyright der SAP SE. Alle Rechte an den Screenshots hält die SAP SE. Der Einfachheit halber haben wir im Rest des Buches darauf verzichtet, dies unter jedem Screenshot gesondert auszuweisen.

1 Einstiege in das Buch

Nicht jeder benötigt alle Informationen dieses Buches. Dieses Kapitel ist in potenzielle Einstiege gegliedert, die zur jeweiligen Ausgangssituation übersichtlich zeigen, wie Sie rasch zu »Ihren« Informationen gelangen. Dazu haben wir jedem Nutzertyp charakteristische Ausgangssituationen und Fragestellungen zugeordnet.

Suchen Sie sich unter den Beispielen auf den nächsten Seiten das zu Ihrem Tätigkeitsbereich passende. So finden Sie schnell heraus, welche Kapitel und Abschnitte des Buches für Sie von besonderem Interesse sein werden.

1.1 Ich bin Einsteiger in das Thema

Ich will mich nicht gleich mit den komplizierteren Themen beschäftigen. Vielmehr möchte ich möglichst schnell ein Erfolgserlebnis sehen und mein erstes Formular erstellen.

So komme ich zu meinen Kapiteln:

1. **Ich habe gar keinen LiveCycle Designer. Wo kann ich den beziehen?**
   - Abschnitt 2.2 – Die Adobe-Produkte rund um ... (Absatz »LiveCycle Designer«)

2. **Ich habe den LiveCycle Designer frisch installiert. Und jetzt?**
   - Kapitel 4 – Den LiveCycle Designer erstmalig einrichten

3. **Überall kann man Fensterchen öffnen und schließen, alles Mögliche lässt sich einstellen. Was bedeuten diese ganzen Elemente des LiveCycle Designers?**
   - Kapitel 5 – LiveCycle Designer: die Bausteine eines Formulars

4. **Ich will ein Formular bauen.**
   - Kapitel 6 – Ein Formular erstellen

1.2 Ich stecke gerade in einer bestimmten Phase des Lebenszyklus eines Formulars

Prüfen Sie kurz, wie weit sie mit Ihrem Formularprojekt schon gekommen sind. Je nach Ausgangssituation finden Sie die dazu passenden Kapitel:

1. **Ich habe noch gar kein Formularprojekt. Ich möchte mich nur mal informieren, was diese Adobe-LiveCycle-/Interactive-Forms-Formulare so können.**
   - Abschnitt 2.1 – Die unterschiedlichen PDF-Formen
   - Abschnitt 2.4 – Formular-Schaufenster

2. **Mein Formularprojekt soll bald losgehen.**
   - Kapitel 3 – Ein Formularprojekt beginnen

3. **Ich starte gerade mein Formularprojekt. Jetzt muss ich den LiveCycle Designer einrichten.**
   - Kapitel 4 – Den LiveCycle Designer erstmalig einrichten

4. **Mein LiveCycle Designer ist installiert. Ich verstehe ihn aber noch nicht so ganz.**
   - Kapitel 5 – LiveCycle Designer: Die Bausteine eines Formulars

5. **Die vielen Fenster und Einstellmöglichkeiten des LiveCycle Designers kenne ich. Jetzt will ich ein Formular erstellen und hätte da ein paar Detailfragen:**
   - Abschnitt 5.4 – Mehrere gleichartige Objekte (einfügen)
   - Kapitel 6 – Ein Formular erstellen

6. **Mein Formular ist fertig. Wie kann ich es jetzt den Nutzern zugänglich machen?**
   - Kapitel 7 – Ein Formular beim Anwender einsetzen

7. **Dieses Buch reicht mir nicht. Wo finde ich noch mehr Informationen?**
   - Kapitel 8 – Mehr Informationen finden

1.3 Ich bin Manager von Formularprojekten

Ich muss entscheiden, ob der LiveCycle Designer überhaupt das richtige Werkzeug für mein Team ist. Und dann muss ich die Mitarbeiter meines Teams nach ihren Fähigkeiten aufteilen. Ich will auch mehrere Personen parallel in einem Formularprojekt einsetzen.

So komme ich zu meinen Kapiteln:

1. **Es scheint mehrere PDF-Arten und diverse Tools zu geben. Welche Möglichkeiten und Einschränkungen bieten diese? Wie hängen sie zusammen? Was benötige ich für meine Anforderungen?**
   - Abschnitt 2.2 – Die Adobe-Produkte rund um das Portable-Document-Format

2. **Ich benötige eine Checkliste für die Projektplanung.**
   - Kapitel 3 – Ein Formularprojekt beginnen

3. **Ich muss entscheiden, wie ich die erstellten Formulare einsetzen will. Welche Möglichkeiten gibt es beim Deployment (also beim Verteilen an die Anwender)? Davon hängt auch ab, welche Art Formular ich entwickeln lasse.**
   - Kapitel 7 – Ein Formular beim Anwender einsetzen

4. **Ich benötige sehr spezielle Informationen. Wo finde ich die?**
   - Kapitel 8 – Mehr Informationen finden

1.4 Ich bin Grafiker und Designer

Ich lege mit dem LiveCycle Designer das gesamte äußere Erscheinungsbild fest. Ich kümmere mich aber überhaupt nicht um die Daten, die in das Formular eingegeben oder damit dargestellt werden. Ganz bestimmt werde ich nicht programmieren. Für den gesamten technischen Teil des Formulars gibt es einen eigenen Dienstleister.

So komme ich zu meinen Kapiteln:

1. **Ich habe gar keinen LiveCycle Designer. Wo kann ich den beziehen?**
   - Abschnitt 2.2 – Die Adobe-Produkte rund um ... (Absatz »LiveCycle Designer«)

2. **Ich habe den LiveCycle Designer frisch installiert. Wie stelle ich ihn mir geschickt ein, um möglichst effizient meine Layouts zu erstellen?**
   - Kapitel 4 – Den LiveCycle Designer erstmalig einrichten

3. **Der LiveCycle Designer scheint ein ähnliches Werkzeug wie PowerPoint oder InDesign zu sein. Wie funktionieren die Elemente des LiveCycle Designers? Welche Einstellmöglichkeiten habe ich?**
   - Kapitel 5 – LiveCycle Designer: Die Bausteine eines Formulars

4. **Wie starte ich mit einem Formular? Kann man sich da Arbeit sparen?**
   - Kapitel 6 – Ein Formular erstellen
   - Abschnitt 6.7 – Formularteile wiederverwenden
   - Abschnitt 5.4 – Mehrere gleichartige Objekte (einfügen)

5. **Welche Einstellungen muss ich anfangs bei meinem Formular vornehmen? Wie richte ich einen Hintergrund-Layer ein?**
   - Abschnitt 6.2 – Ein XDP-Template erstmalig einrichten
   - Abschnitt 6.4 – Den Formular-Hintergrund auf der Masterseite gestalten

6. **Wie gestalte ich das Layout? Wie lege ich Schriften und andere grafische Elemente fest?**
   - Abschnitt 6.2 – Ein XDP-Template erstmalig einrichten
   - Abschnitt 6.4 – Den Formular-Hintergrund auf der Masterseite gestalten
   - Abschnitt 6.5 – Layout, Schriften und Aussehen von Formularobjekten ändern
   - Abschnitt 6.5.1 – Alle Schriften auf einmal anpassen
   - Abschnitt 6.5.2 – Formulare mit Stylesheets vereinheitlichen

7. **Ich möchte Elemente an einer Linie ausrichten**
   - Abschnitt 5.3 – Eingabeobjekte (Absatz »Layout-Fenster«)
   - Abschnitt 6.5.3 – Größen und Positionen von Formularobjekten vereinheitlichen
   - Abschnitt 6.6 – Formularobjekte ausrichten

8. **Ich erstelle ähnliche Formulare immer wieder. Kann ich mir Arbeit sparen und Formularteile einfach wiederverwenden?**
   - Abschnitt 6.5 – Layout, Schriften und Aussehen von Formularobjekten ändern
   - Abschnitt 6.5.2 – Formulare mit Stylesheets vereinheitlichen (Absatz »Ein Style erstellen«)
   - Abschnitt 6.7 – Formularteile wiederverwenden

9. **Den Seitenumbruch kann ich bei dynamisch wachsenden Seiten schlecht kontrollieren. Habe ich diesbezüglich dennoch Möglichkeiten?**
   - Abschnitt 6.8 – Formularseiten gezielt umbrechen

1.5 Ich bin Web-Service-Programmierer, XML-Gestalter

Wenn das Layout des Formulars von der Fachabteilung oder von einem Grafiker selbst erstellt wurde, dann braucht es noch jemanden wie mich, der das Formular mit Daten befüllt – und zusätzlich evtl. noch jemanden, der das Scripting besorgt sowie einige weitere technische Einstellungen am Formular vornimmt.

So komme ich zu meinen Kapiteln:

1. **Welche Felder gibt es eigentlich, in die XML-Daten gefüllt werden können?**
   - Abschnitt 5.3 – Eingabeobjekte

2. **Wie kommen die Daten in ein PDF-Formular? Was muss ich dabei beachten?**
   - Abschnitt 2.2 – Die Adobe-Produkte rund um ... (Absatz »Form-Server/ADS«)

Verweis auf weiterführende Literatur

Tatsächlich sind die Themenbereiche XML, Web-Service, Datenquellen etc. ein sehr weites Feld und sprengen den Rahmen dieses Einsteigerbuches. Wir haben daher ein Buch für all diejenigen verfasst, die an weiteren Details interessiert sind: *Expertentipps für SAP Interactive Forms und Adobe LiveCycle Designer* (Espresso Tutorials, 2018).

2 Die Adobe-Produktwelt verstehen

Egal ob man im SAP-Umfeld oder unabhängig davon entwickelt, man trifft auf verwirrend viele PDF-Typen und eine Vielzahl von Adobe-Softwareprodukten. Dieses Kapitel erklärt Ihnen, wie alles zusammenhängt: die Besonderheiten der PDF-Typen, wofür man welches Adobe-Produkt verwendet und welche Anwendungen man mit XFA-PDFs schaffen kann.

2.1 Die unterschiedlichen PDF-Typen

Grundsätzlich sind folgende Typen von PDFs zu unterscheiden:

1. **Flat PDF** – ein reines Ausgabeformat, das keine Eingabemöglichkeit bietet.

2. **AcroForm** – ein binäres Format, wie es z. B. beim Export aus Word erzeugt wird. Mit Acro-PDFs lassen sich Formulare mit Formularfeldern erstellen, die über ein »Bild« gelegt werden. Bis zu einem gewissen Grad können auch Scripte in Acro-PDFs geschrieben werden. Änderungen am Formular-Layout sind aber sehr aufwendig. Sie eignen sich daher eher für kurzlebige Formulare (Feedbackbögen, Einladungen etc.).

3. **XFA-Form** – diesen PDF-Typ nutzt auch SAP. Es handelt sich um ein XML-Format, das auch dynamische PDFs gestattet: Die Formularlänge wächst dabei mit den Daten, die in das Formular »hineinlaufen« oder durch Benutzerinteraktion (Absätze werden z. B. weggeklickt).
   Ein XFA-PDF kann ausschließlich mit dem Adobe-LiveCycle Designer erstellt werden. Mit diesem Werkzeug können Formulare sehr leicht geändert werden, daher eignen sich XFA-Forms für langlebige Formulare.

Die drei PDF-Typen bieten unterschiedliche technische Möglichkeiten (Tabelle 2.1).

Möglichkeit	Flat PDF	AcroForm	XFA-Form
Annotationen einfügen	ja	ja	nein
Seiten extrahieren	ja	ja	nein
für Browser optimierbar	ja	ja	nein
Dokumentlänge passt sich an Inhalt an	nein	nein	möglich
auf mobilen Geräten (Tablets) nutzbar	ja	ja	nein
mit dem PDF-Viewer im Browser nutzbar	ja	ja	eingeschränkt

Tabelle 2.1: Die unterschiedlichen Möglichkeiten der PDF-Typen

Alle PDF-Typen können mit dem Adobe Reader (vgl. Folgeabschnitt) geöffnet werden. Alternative PDF-Viewer haben oft Schwierigkeiten mit XFA-Forms (siehe Abschnitt 7.3).

2.2 Die Adobe-Produkte rund um das Portable Document Format (PDF)

PDFs werden von diversen Softwareprodukten erzeugt und dargestellt. Abbildung 2.1 gibt Ihnen dazu einen Überblick.

Adobe Reader und Acrobat

Sowohl der kostenlose Adobe Acrobat Reader DC (kurz: *Adobe Reader*) als auch *Acrobat* eignen sich für die Darstellung aller PDF-Typen. Acrobat bietet aber darüber hinaus weitere Möglichkeiten, wie z. B. das Abspeichern von Formularen mit Daten, das Kommentieren usw. (Die Pro-Variante des Acrobat bietet zusätzlich den PDF/A-Typ, die Drucküberprüfung Preflight etc., die Abo-Variante enthält die meisten Features. Die Unterschiede finden Sie im Detail unter *https://acrobat.adobe.com/de/de/acrobat/pricing/compare-plans.html* erklärt.)

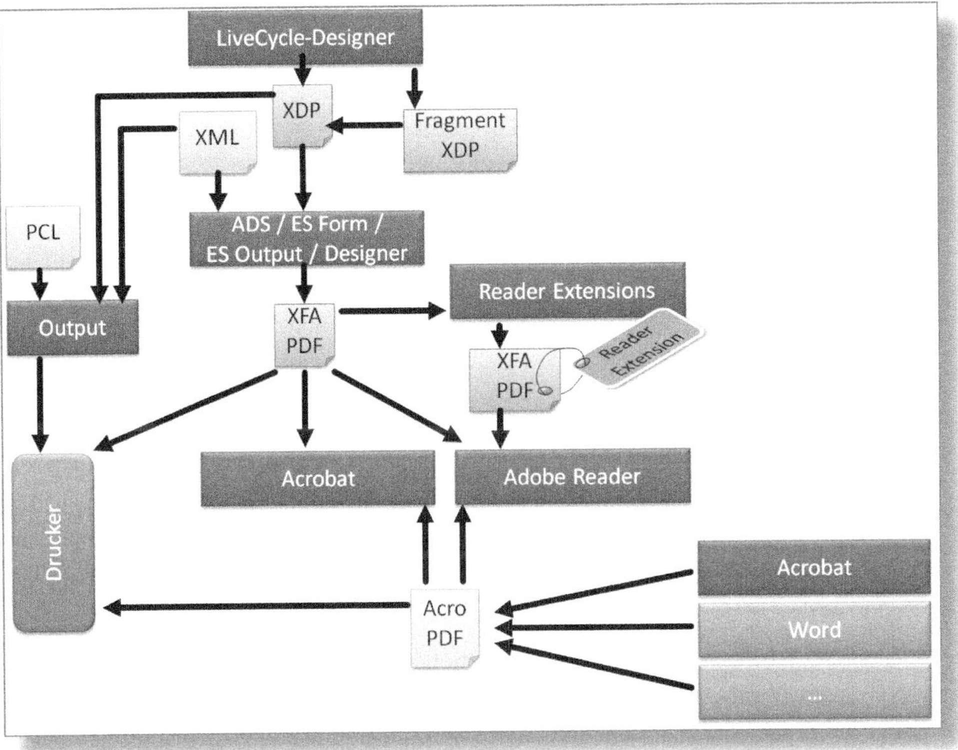

Abbildung 2.1: Software, die PDFs erzeugen oder darstellen kann

Mit *Reader-Extensions* können Sie ein einzelnes Formular so erweitern, dass es sich mit dem Adobe Reader (fast) so nutzen lässt, als ob es mit Acrobat geöffnet wäre. Acrobat ermöglicht es Ihnen, einem PDF einen Großteil dieser Reader-Extensions ohne zusätzliche Kosten mitzugeben. (Die bisherige Beschränkung, dass das Formular nur an max. 500 Empfänger gehen darf oder nur max. 500 Exemplare Rücklauf erwartet werden dürfen, ist gefallen. Details dazu finden Sie in den AGB des Acrobat). Benötigen Sie spezielle Rechte (z. B. zweidimensionale Barcodes) am Adobe Reader, dann müssen Reader-Extensions pro Formular bei Adobe bezogen werden. Nähere Informationen zu Reader Extensions finden Sie in Abschnitt 7.2.

LiveCycle Designer

Der LiveCycle Designer ist sozusagen das »Mal-Werkzeug« für Formulare. Mit ihm erzeugen Sie *Templates* (XDP-Dateien). Eine XDP-Datei kann weder vom Adobe Reader noch von Acrobat geöffnet werden. Dazu muss die XDP-Datei erst vom FormServer oder LiveCycle Designer in ein PDF konvertiert werden.

> **! LiveCycle Designer heißt heute AEM Forms Designer**
>
> Suchen Sie auf Adobe-Seiten und in Google auch nach dem neuen Produktnamen *AEM Forms Designer*. In diesem Buch wird absichtlich noch der alte Produktname verwendet, da er nach wie vor sehr gebräuchlich ist.
>
> Bei SAP heißt das Produkt weiterhin *Adobe LiveCycle Designer (ALD)*.

> **LiveCycle Designer – Lizenz erwerben**
>
> Der LiveCycle Designer wurde lange als Teil von Acrobat mit ausgeliefert. Adobe verkauft den Designer nur noch unter dem Namen »AEM Forms Designer« als Bestandteil von Adobe Experience Manager (AEM). Sprechen Sie ggf. Ihren Adobe-Vertriebskontakt an (Firma Eggs-Unimedia), wie Sie an den Designer kommen können. Leider ändert Adobe die Vertriebsstrategien sehr häufig.
>
> Aber von der SAP können Sie weiterhin (und sicher noch für einige Jahre) den Adobe LiveCycle Designer (Version 11.0) beziehen. SAP-Kunden erhalten den Adobe LiveCycle Designer wie gewohnt über das *SAP Software Download Center.*

Wer die Serverkomponente *LiveCycle Forms* besitzt, kann den LiveCycle Designer ohne weitere Lizenz nutzen. Sie haben dazu eine Installationsdatei erhalten. Im SAP-Umfeld ist der LiveCycle Designer mit *Adobe Document Services (ADS)* automatisch mitlizenziert und wird im Fenster von SAP geöffnet – er ist also kein separates Programm. Der mit SAP ausgelieferten Variante des LiveCycle Designers fehlen allerdings ein paar Funktionen (z. B. »Fragmente«, die in Abschnitt 6.7.3 erklärt werden). Alternativ kann er auch separat gestartet werden. Dann müssen Sie aber überlegen, wie Sie die XDP-Templates ins SAP-System übertragen (Abschnitt 6.3).

Formulare mit Acrobat

Sie können mit Acrobat auch (Acro-Form-)Formulare erzeugen. Dazu importiert man aus irgendeiner Quelle (z. B. einer Worddatei) ein fertiges Formular in den Acrobat und »klebt« Formularfelder auf dieses PDF.

Das funktioniert ganz gut, solange Ihr Formular in der Zukunft nicht groß geändert werden muss. Seit *Acrobat XI* lassen sich zwar die Texte und Bilder eines PDFs halbwegs komfortabel ändern, aber nur eingeschränkt können Sie damit das Layout umgestalten. Bei jeder Änderung muss die Originaldatei (z. B. die Worddatei) angepasst sowie erneut in Acrobat in ein PDF konvertiert und mit Formularfeldern ausgestattet werden.

Acrobat ist also kein Editor – Sie benötigen immer ein zusätzliches Editor-Programm (z. B. Word).

Tabelle 2.2 zeigt Ihnen, unter welcher Voraussetzung Acrobat bzw. der LifeCycle Designer besser geeignet sind.

Wenn das Formular ...	..., dann wählen Sie als Werkzeug am besten
▶ statisch ist ▶ nur einmal benötigt und in der Zukunft nie geändert wird	Acrobat (Acro)
▶ dynamisch ist ▶ sich über die Jahre ändern kann (was viel öfter passiert, als man am Anfang denkt)	LiveCycle Designer (XFA)
▶ mit SAP genutzt werden soll	LiveCycle Designer (XFA)

Tabelle 2.2: Wahl des PDF-Werkzeugs

FormServer/ADS

Der *FormServer* (auch »Forms« bzw. bei SAP »ADS« genannt) wandelt eine XDP- in eine PDF-Datei. Gegebenenfalls fügt er dabei Daten aus diversen Datenquellen (z. B. einer XML-Datei) hinzu. Zusätzlich können auch Formular-Fragmente (auf die in der XDP-Datei verwiesen wird) ergänzt werden.

Bei SAP gibt es den ADS in zwei Varianten:

- lokal installiert als *SAP Interactive Forms by Adobe* (IFbA)
- gehostet bei SAP als *Forms by Adobe* (FoBA)

Den LiveCycle FormServer gibt es ebenfalls in der »Pro«-Version, mit der Sie HTML5-Formulare erzeugen können, die dann sogar auf Tablets nutzbar sind. Die Nachfolger-Produktlinie von LiveCycle heißt *AEM Forms*. Technisch bietet sie für die PDF-Formulare weitgehend das Gleiche – allerdings gibt es zusätzlich *Adaptive Forms*. Alle Aussagen zum LiveCycle FormServer in diesem Buch gelten auch für den AEM Forms Designer.

Obwohl die zugrunde liegende XFA-Struktur öffentlich und wohldokumentiert ist, gibt es derzeit nur wenige Produkte auf der Welt, die XDP-Dateien in PDFs konvertieren:

- FormServer von Adobe,
- LiveCycle Designer; er enthält auch einen FormServer und kann einzelne PDFs erzeugen, ist aber für eine Massengenerierung unter Produktionsbedingungen nicht ausgelegt,
- *ES Output* von Adobe.

Interaktive Formulare und Druckformulare

Die XFA-PDFs liegen in zwei Ausprägungen vor, die sich fundamental unterscheiden:

- *Interaktive Formulare* (z. B. ein Kreditantrag) werden am Bildschirm von Menschen ausgefüllt. Das Aussehen eines interaktiven Formulars kann sich dabei ständig verändern (dynamisches

interaktives Formular) oder, abgesehen von den Feldinhalten, gleich bleiben (statisches interaktives Formular).
Der große Vorteil der interaktiven XFA-PDFs ist, dass Sie keine Serververbindung benötigen. Der Nachteil: Unter iOS und Android funktionieren sie nicht – XFA-PDFs können auf Tablets nicht ausgefüllt werden.
Das XFA-PDF hat als interaktives Formular in Spezialfällen weiterhin seine Berechtigung. Mit dem Adobe Reader kann es z. B. sehr gut offline genutzt werden. Interaktive XFA-PDFs konkurrieren aber zunehmend mit HTML-Formularen (die Adobe mit Adaptive Forms und als HTML-gerenderte XDP-Templates auch unterstützt), sofern eine Online-Anbindung zu einem Server besteht.
Adaptive Forms passen ihr Aussehen automatisch an die Bildschirmbreite an und können so vom kleinen Smartphone bis zum großen Bildschirm perfekt genutzt werden. Sie werden nicht mit dem LiveCycle Designer erzeugt. Adobe setzt bei interaktiven Formularen nur noch auf die Adaptive Forms.

- *Druckformulare* (z. B. die Telefonrechnung) werden meist während der PDF-Generierung mit Daten befüllt. Anschließend sind alle Felder schreibgeschützt. Die Länge des Formulars kann sich mit der Anzahl eingegebener Daten vergrößern (dynamisches Druckformular) oder bleibt gleich (statisches Druckformular, meist ohne Tabellen und ähnliche Objekte, deren Größe mit den Daten variieren könnte).

2.3 Die Adobe-Produkte rund um Workflows

Adobe bietet ein Workflow-Management-System (WFMS) an, das zusätzlich lizenziert werden muss. Es ist eng verzahnt mit der PDF-Verarbeitung.

Ein WFMS steuert vorkonfigurierte Arbeitsabläufe – bei denen meist Personen beteiligt sind. So kann eine Rechnungsfreigabe als Workflow konfiguriert werden, und das WFMS sorgt dafür, dass abhängig von Wertgrenzen die zuständigen Entscheider die Rechnung vorgelegt bekommen.

Das WFMS von Adobe heißt offiziell »LiveCycle® Process Management«. Im Sprachgebrauch wird es oft mit dem kompletten »LiveCycle-Server« gleichgesetzt. Tatsächlich ist dieser aber der technische Rahmen für eine ganze Reihe von LiveCycle-Produkten in Ergänzung zum Process Management. Der LiveCycle-Server unterstützt gleichzeitig eine Service-Oriented-Architecture (SOA), d. h., er kann als SOA-Plattform eingesetzt werden, da er sich sehr komfortabel um WebServices erweitern lässt.

Die Workflows des Process Managements müssen gar keine Benutzerinteraktion aufweisen. Kurze Abfolgen technischer Bearbeitungsschritte (insbesondere rund um PDFs) sind eine häufige Anwendung.

Weitere LiveCycle-Produkte

Praktisch alle LiveCycle-Produkte lassen sich nur zusammen mit dem LiveCycle-Server verwenden. Sie werden Jahr für Jahr in neuen Packages kombiniert und vertrieben:

- *Reader Extensions* (auch ohne FormServer nutzbar, um gekaufte Reader Extensions an einzelne PDFs zu hängen)
- *Process Management* (ein Workflow-Management-System)
- *Portal*
- *ECM-Connectors* (im ProcessManagement PDFs in bestimmten DMS-Systemen ablegen)
- *DataServices*
- *Workbench* (die Eclipse-Anwendung, mit der Entwickler Workflows erstellen)
- *Foundation* (die grundlegenden Forms-Funktionen)
- *Correspondence Management* (eine Art Output-System für Briefe)
- *Rights* (z. B. nachträglich einem PDF das Recht entziehen, geöffnet zu werden)

- *Signature* (die Authentizität beweisen oder Zustimmung signalisieren)
- *Encryption* (verschlüsselt Teile eines Formulars)
- *Output* (rendert Druck-XFA-PDFs, befüllt die Formulare mit XML-Daten, unterstützt den (Zebra-)Labeldruck)
- *DocConverter* (für die PDF/A-Erzeugung)
- *Distiller* (aus PostScript und PRN PDFs erzeugen)
- *PDF-Generator* (aus fast allen Formaten – außer PostScript oder PRN – PDFs erzeugen)
- *Assembler* (PDFs aus Fragments, XDP, PDFs und DDX-Dateien dynamisch zusammenfügen)

Einen Überblick über die gesamte LifeCycle-Produktwelt verschafft Ihnen Abbildung 2.2.

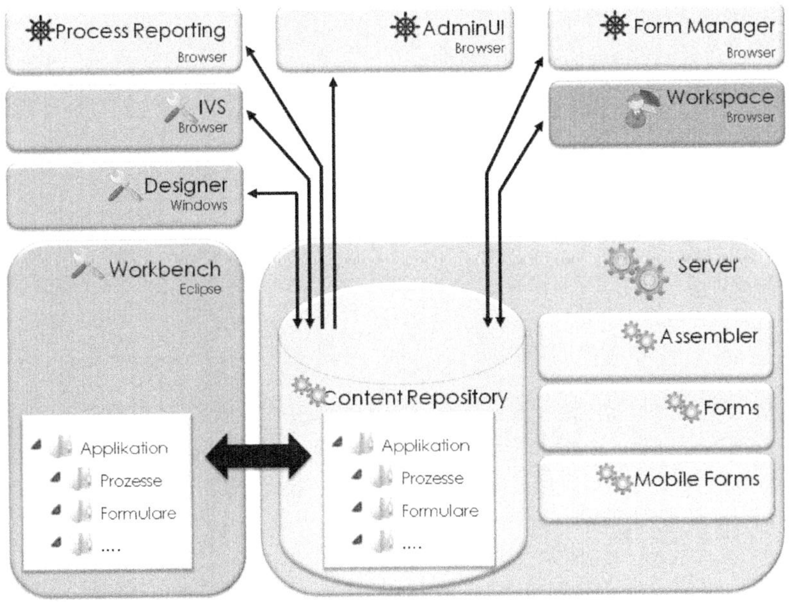

Abbildung 2.2: Produktwelt von Adobe-LiveCycle ES4

Die Produkte lassen sich in folgende Nutzungsbereiche gliedern:

Entwicklerwerkzeuge

- *Workbench* zum Erstellen von Workflows (auch »Prozesse« genannt)
- *Designer* zum Erstellen von XFA-Formularen
- *IVS* zum Überprüfen des HTML5-Renderers

Steuerungswerkzeuge

- *AdminUI* (auch *Administration Console* genannt), um die Workflows zu konfigurieren und zu überwachen
- *ProcessReporting*, um laufende Workflows zu beobachten
- *FormManager*, um XFA-Formulare im ContentRepository zu verwalten

Benutzeroberflächen

- *Workspace* für Workflows
- Adobe Reader und Acrobat für PDFs

Serverprodukte

- *ContentRepository* (bietet diverse Schnittstellen)
- *Assembler*, um XDP-Templates dynamisch zusammenzufügen
- *Forms* und *MobileForms* zum Rendern von PDF inkl. Datenbefüllung mit XML)

☛ AEM Forms ist der LiveCycle-Nachfolger

Neben den LiveCycle-Server hat Adobe den AEM Forms gestellt. Mit jedem neuen Release wurden weitere Adobe-Produkte auch in der AEM-Forms-Welt verfügbar. Das Produkt »LiveCycle Process Management« wurde so z. B. als *Forms Workflow on OSGi* im *AEM Forms-Backend Service* verfügbar.

> Wenn Sie den LiveCycle-Server installiert haben, können Sie ihn (vorerst) weiternutzen. Wenn Sie darüber nachdenken, erstmalig die Server-Produkte von Adobe zu verwenden, dann wird Ihr Vertriebspartner Ihnen aber gleich AEM Forms ans Herz legen.

2.4 Formulare ohne LiveCycle Designer?

Seit den ersten Versionen des LiveCycle Designers hat sich das technische Umfeld deutlich verändert. Was früher die optimale Lösung war, muss heute nicht zwangsläufig empfehlenswert sein. Mittlerweile ist die Internetabdeckung fast vollständig, was serverabhängige Lösungen (HTML) für viele Anwendungsfälle gestattet. Interaktive Offline-PDF-Formulare werden damit nahezu obsolet. Bei der Gestaltung von HTML-Seiten haben wir viele neue Möglichkeiten hinzugewonnen – insbesondere lassen sich die Seiten gut an diverse Bildschirmbreiten anpassen.

Software wird immer seltener installiert, oft läuft sie nun in der Cloud mit einer HTML-GUI. Und natürlich hat heute praktisch jeder ein Smartphone zur Hand. Was sollte man also bei einem neuen Formularprojekt bedenken? Welches Format – HTML- oder PDF-Formular – eignet sich besser? Das hängt, wie die nächsten Abschnitte zeigen werden, von der Aufgabenstellung ab.

2.4.1 Daten sammeln

Firmen und Behörden benötigen Daten von ihren Kunden bzw. Bürgern. Je geschickter sie sich beim Einholen dieser Daten anstellen, umso weniger Arbeit fällt bei den eigenen Mitarbeitern im Backoffice an. Daher werden die Benutzereingaben in interaktiven Formularen erfasst. Diese PDF-Formulare (insbesondere in ihrer dynamischen Variante) boten schon immer sehr viele Möglichkeiten, Daten zu verifizieren und unnötige Formularteile auszublenden.

Tatsächlich sind HTML-Formulare auch nichts anderes als interaktive Formulare. In vielen Softwareumgebungen mit HTML-GUIs sind HTML-Formulare einfacher zu integrieren und bieten dabei die gleichen Möglichkeiten wie PDF-Formulare.

PDF-Formulare haben dagegen den Charme, dass man sie dem Anwender mailen und sich die Daten zurückschicken lassen kann. In manchen Anwendungsfällen erhöht es zudem die Benutzerzufriedenheit, wenn man die eigenen Eingaben als PDF-Datei lokal abspeichern kann. Allerdings hat kein Unternehmen Einfluss darauf, ob der E-Mail-Empfänger SSL/TLS-Verschlüsselung eingeschaltet hat. Je nach Sicherheitsanforderungen wird man also womöglich gar keine Daten (und damit auch keine PDF-Anhänge) per E-Mail übertragen, sondern auf Anwenderportale setzen. Und dort haben Sie die freie Wahl, ob Sie auf HTML-Formulare oder PDF-Formulare setzen.

PDF-Dateien sind Dokumente, die in einem Dokumentenmanagementsystem (DMS) archivierbar sind. Wenn Sie die Benutzereingaben aus rechtlichen Gründen für eine gewisse Aufbewahrungsfrist archivieren müssen, dann ist ein ausgefülltes PDF-Formular sehr gut dafür geeignet. Wollen Sie Eingaben aus einem HTML-Formular archivieren, müssen Sie nur für die Archivierung extra ein Archiv-PDF als Druckformular erzeugen. Adobe spricht hier vom »Document of Record«. HTML-Formular und das daraus generierte PDF werden vermutlich im Layout voneinander abweichen, was im schlimmsten Fall Zweifel weckt, ob die ursprünglichen Benutzereingaben auch tatsächlich vollständig und unverändert in das Archiv-PDF übernommen wurden.

Definitiv müssen Sie in Erwägung ziehen, dass einige Anwender die Eingabemasken auch am Smartphone ausfüllen. Ein PDF hat hier den Nachteil, dass es immer eine feste Breite hat. Auf kleinen Smartphone-Fenstern ist das unübersichtlich, denn der Ausfüllende muss meist hin- und herscrollen. Da wirken HTML-Formulare komfortabler.

In Summe wird man feststellen, dass interaktive PDF-Formulare auf dem Rückzug sind. Sie überleben in Nischen, in dunklen Kellern. Denn tatsächlich ist ein (Offline-)PDF-Formular auf einem Surface bei der

Dokumentation von Wartungsarbeiten in einem Gebäude ohne Internetabdeckung immer noch sehr praktisch.

2.4.2 Daten ausgeben

Das ursprüngliche PDF wurde als Seitenbeschreibungssprache für Druckdokumente entwickelt. Damit ist Adobe groß geworden und weiterhin gilt, dass man mit jeder Variante eines PDFs den Druck-Output sehr präzise steuern kann.

Für halbwegs repräsentative Druckerzeugnisse bietet der LiveCycle Designer hervorragende Möglichkeiten. Insbesondere für dynamische »Formulare«, bei denen die Seitenzahl von den auszugebenden Daten abhängt, macht es Ihnen der LiveCycle Designer leicht. Im SAP-Umfeld genießt man dabei zudem die integrierte Datenübergabe über den *Kontext*.

Was ist der Kontext?

Der Kontext stellt bei SAP die Verbindung zwischen den SAP-Daten und der Formular-Datenquelle dar. In unserem Buch »Expertentipps für SAP Interactive Forms und Adobe LiveCycle Designer« (Espresso Tutorials, 2018) werden Datenquellen intensiver behandelt.

Für Druckformulare ist der LiveCycle Designer also weiterhin sehr gut geeignet.

Daten ausgeben als Acrobat-PDF

Der LiveCycle Designer erzeugt das Format XFA-PDF. Tatsächlich existiert daneben weiterhin die andere PDF-Variante: Acrobat-PDF. Zu Beginn eines Projekts mit Druck-Output werden Sie eventuell auch diese Alternative betrachten wollen. Da dieses Buch den LiveCycle Designer behandelt, werden wir hier die alternativen Formen der Druckformularerzeugung nur kurz anreißen. Für jede dieser Varianten sollten Sie im

Auge behalten, dass dabei deutlich mehr programmiert werden muss als beim LiveCycle Designer.

Schon länger besteht die Möglichkeit, XSL-FO zu generieren und daraus mittels *Apache FOP* PDFs erzeugen zu lassen. Die Möglichkeiten sind deutlich beschränkter als beim LiveCycle Designer, doch für viele Zwecke – etwa für interne Formulare oder Formulare ohne große gestalterische Ambition – ist das Ergebnis durchaus ausreichend.

Wer im Java- oder .Net-Umfeld programmiert, der kann sich mit der *iText-Bibliothek* PDF-Dokumente aufbauen (*https://itextpdf.com*).

Eine reine Java-Alternative zu iText ist die Bibliothek *Apache PDFBox* (*https://pdfbox.apache.org/*).

PrintCSS bietet das Ganze auf HTML-Basis. Von der Grundkonzeption her ist diese Technik durchaus mit den XDP-Templates des LiveCycle Designers verwandt: Die Daten in Form von HTML oder XML werden mit CSS zu einem PDF umgewandelt (*https://print-css.de/*). Die Technik läuft auch unter dem Namen »CSS Paged Media Modules«. Um, basierend auf diesen CSS, nicht alles von vorne programmieren zu müssen, gibt es diverse Produkte für diese Technik:

- PrinceXML
- PDFreactor
- Antennahouse
- Speedata Publisher
- Docraptor
- WeasyPrint
- Typeset.sh
- paged.js

Für einfache Fälle lässt sich HTML noch mit den wkhtmltopdf-Tools in PDF konvertieren.

Und vor allem im Linux-Umfeld ist natürlich weiterhin LaTex mit pdflatex verbreitet.

2.5 Formular-Schaufenster

Hintergrund

Oft erstellt man immer nur die gleiche Art Formular, weil man gar nicht weiß, was sonst noch möglich wäre. Dabei lassen sich mit dem LiveCycle Designer bestimmte Details viel geschickter abbilden.

Deshalb möchten wir Ihnen an dieser Stelle einige Formularprojekte vorstellen, bei denen wir uns jeweils auf bestimmte Aspekte fokussieren.

> **Formular als mobiler Datenspeicher**
>
> Ein Makler hat im Büro eine Makler-Spezialsoftware, die Informationen zu den von ihm angebotenen Häusern enthält. Er fährt zu jedem dieser Häuser hin und erfragt dort von den Verkäufern weitere Daten. Bei vielen Häusern im ländlichen Bereich hat er allerdings keinen ausreichenden Internetempfang, um die Daten online zu erfassen.

Lösung: Der Makler exportiert im Büro die Daten eines Hauses aus der Makler-Spezialsoftware in eine XML-Datei. Auf seinem MS-Surface-Tablet liegt ein XFA-PDF-Formular mit einem Import-Button. Damit importiert er die Daten aus der XML-Datei. Mit dem MS-Surface-Tablet fährt er zu einem der Häuser und erfasst im Formular die übrigen Daten. Geschossene Fotos hängt er per Button-Klick und Script als Attachment an das PDF-Formular. In einem Gebiet mit Internetempfang schickt er dieses per E-Mail an sein Büro. Dort exportieren seine Kollegen die XML-Daten des PDF-Formulars und importieren sie in die Makler-Spezialsoftware.

Formular mit Kuvertierungsmarkierungen

Eine Firma druckt die SAP-Entgelt-Zahlungsabrechnung (Payslip) ihrer Mitarbeiter mit einem Output-System, das auch die Kuvertierung und den Versand abwickelt.

Das Output-System benötigt auf der ersten Seite Informationen über die Anzahl der Seiten etc. in dem sehr speziellen Barcode-Format »OMR«, das der LiveCycle Designer aber nicht anbietet.

Lösung: Auf der Masterseite wird der Barcode mit Linien dargestellt. Ein Script schaltet dann je nach Seitenzahl bestimmte Linien an bzw. aus.

Formular konfigurieren

Eine Firma nutzt keinen LiveCycle-Server, möchte aber trotzdem individuell parametrisierte Fragebögen an seine Kunden verschicken.

Lösung: Ein Firmenmitarbeiter öffnet eine leere Formularkopie und trägt einige Kundendaten ein. Dann drückt er auf den Button »Erstelle Kundenversion«. Dadurch wird die Eingabeseite inkl. des Buttons ausgeblendet. Zurück bleibt ein vorkonfiguriertes Formular.

Formular als Erstellungswerkzeug für Angebote

Ein Versicherungsunternehmen bietet auf seiner Webseite ein einziges PDF zum Herunterladen an. Darin befinden sich die Anträge für alle Versicherungsprodukte. Der Kunde wünscht aber nur Informationen zu einer Versicherung.

Lösung: Indem der Kunden auf dem Formular ankreuzt, welche Versicherung ihn interessiert, werden zusätzliche Seiten sichtbar, auf denen die entsprechend nötigen Fragen gestellt werden (z. B. das Alter bei einer Lebensversicherung, der KFZ-Typ bei einer KFZ-Haftpflicht). Bestimmte Angaben machen ggf. weitere Blöcke mit Detailfragen sichtbar. Am Ende liegt dem Kunden ein vollständiges Versicherungsangebot mit voraussichtlichen Monatsbeiträgen vor. Rechtlich gesprochen, hat er sich »eine sehr detaillierte Anfrage erstellt«, mit der er die Versicherung um ein Angebot bittet.

Formulare mit Standard-Scripting-Code

Eine Bank erstellt ihre gesamten interaktiven, dynamischen Formulare mit dem LiveCycle Designer. Diese bieten eine umfangreiche, komfortable Logik.

Beispiel: Es gibt Checkboxen mit nebenstehenden Fragen. Erst wenn die Checkbox angekreuzt wird, öffnet sich unterhalb ein Block. Solche hinzuklickbaren Blöcke sind während der Bearbeitung eingerückt – die Einrückung soll beim Druck aber rückgängig gemacht werden etc.

Lösung: Die Bank hat sich für die vielen Logik-Features (wie die hinzuklickbaren Blöcke) von einem Dienstleister ein umfangreiches »Skriptobjekt« mit einer Nutzungsanleitung erstellen lassen. Alle Formulare folgen nun einer sehr strengen Konvention bei der Namensgebung von Formularobjekten und Teilformularen. Es gibt speziell geschachtelte Teilformulare. Dies zusammen bewirkt, dass das »Skriptobjekt« unverändert in jedes Formular eingebaut werden kann und sofort die komplexe Logik im Formular funktioniert, ohne dass ein Bankmitarbeiter verstehen muss, warum.

Warenbegleitschein mit Wertetabelle

Ein Maschinenbauer verlangt von seinen Lieferanten, einen von ihm vorgegebenen Warenbegleitschein zu verwenden. So vermeidet er ein in der Vergangenheit aufgetretenes Problem: Seine Lieferanten verwendeten Materialnummern, mit denen seine ERP-Software nichts anfangen konnte.

Lösung: Der Warenbegleitschein hat zwei Seiten:

1. Auf der Tabellenseite verwaltet der Maschinenbauer Materialnummern und -bezeichnungen in einer Tabelle. Dazu hat er Buttons, um Zeilen hinzuzufügen, zu löschen und zu verschieben. Diese Seite kann der Maschinenbauer mit einem Button-Klick ausblenden.

2. Auf der Warenbegleitscheinseite gibt der Lieferant die Materialnummer ein.
   Wenn die Materialnummer auf der Tabellenseite gefunden wird, dann wird in ein passendes Feld die Materialbezeichnung automatisch eingetragen.
   Wenn die Materialnummer nicht vorgesehen ist, dann öffnet das Formular ein Fenster mit einer Fehlermeldung.

Formular mit Ausfüllanleitung

Ein Beteiligungsunternehmen verschickt Fragebögen über zu fördernde Projekte an Unternehmensgründer. Die abgefragten Daten sind komplex, speziell und nicht selbsterklärend. Die Unternehmensgründer haben auch keine betriebswirtschaftliche Ausbildung.

Lösung: Das rechte Drittel des Formulars besteht nur aus Feld-Erklärungen. Detailliert wird dort erläutert, was in dem jeweiligen Feld erwartet wird. Vor dem Druck wird diese Spalte ausgeblendet.

Dreisprachiges Formular

Eine Schweizer Bank muss ihre Formulare dreisprachig anbieten. So gibt es auf jeder ersten Formularseite eine Drop-down-Box, mit der die Sprache ausgewählt werden kann.

Lösung: Alle Formularseiten gibt es in drei Ausführungen, die durch eine Namenskonvention ein- und ausgeblendet werden. Da die Felder auf den Seiten aller Sprachvarianten synchron mit denselben Daten gefüllt sein müssen, arbeitet man mit *globaler Datenbindung* und bei Bedarf mit speziellen Scripting-Funktionen.

Personalanforderungsbogen

Die Personalabteilung eines großen Haushaltsgeräteherstellers möchte das Formular, mit dem Abteilungsleiter einen Mitarbeiterbedarf anmelden, anwenderfreundlicher gestalten. Dadurch soll v. a. die Zahl der Ausfüllfehler reduziert werden.

Lösung: Der Anwender kann über einen Button Daten (per Web Dynpro) von einem bereits existierenden Mitarbeiter in das Formular laden. Daten, die mit den Anforderungen an den neuen Mitarbeiter übereinstimmen, kann er einzeln oder per Sammelbutton in seine Anforderung übernehmen.

3 Ein Formularprojekt beginnen

Ehe Sie den LiveCycle Designer öffnen, um damit ein Formular zu erstellen, sollten Sie einige Vorbereitungen treffen.

Planen

Bevor Sie ein Formularprojekt beginnen, sollten Sie Ihre Aufmerksamkeit auf eine gute Projektplanung legen.

> **! Unterschätzen Sie das Formularprojekt nicht**
>
> Betrachten Sie jedes Formular als Softwareprojekt, und behandeln Sie es auch so: Machen Sie einen Projektplan mit Zeit- und Ressourcenplanung! Sehen Sie eine Test- und eine Einführungsphase vor!

Klären Sie die Zuständigkeiten für

- das Design (z. B. Grafiker für Corporate Identity)
- die Datenversorgung (Lieferanten von XML-Daten, SAP-Kontext, Webservices)
- organisatorische Änderungen (sehr oft bedeuten neue Formulare Anpassungen der Zuständigkeiten und Abläufe) und
- die Formularinhalte (der Auftraggeber des Formulars, die Vertreter der Formularanwender).

Spezifizieren

- Gestaltung – Legen Sie zu Beginn die Gestaltung schriftlich fest (*Styleguide*). Orientieren Sie sich dabei an einem bestehenden Corporate-Identity(*CI*)-Katalog (Fragen Sie aktiv danach. Er muss Ihnen physisch vorliegen!) oder am aktuellen Internetauftritt Ihres Unternehmens.

- Datenquelle – Klären Sie, welches Objekt der Datenquelle (z. B. *XML-Element*) welchem Feld entsprechen soll. Halten Sie das Ergebnis schriftlich fest.
- Vorlage – Besorgen Sie sich Vorgängerformulare, die ggf. ersetzt werden sollen, und lassen Sie sich jedes Detail erklären.
- Formulartyp – Erfragen Sie, ob Ihr Formular dynamisch sein, d. h. abhängig von den Daten und/oder Benutzereingaben in der Länge wachsen soll.
- Dateneingabe – Entscheiden Sie, ob Ihr Formular ein Druckformular sein oder der Anwender am Rechner interaktiv Eingaben machen soll.
- Ausgabeformat – Klären Sie, welche *PDF-Viewer* Ihre Formularanwender verwenden (müssen).
  Evtl. steht allen Anwendern Acrobat zur Verfügung. Gelegentlich wird auch die Nutzung sehr spezieller PDF-Viewer vorgeschrieben. Wird Ihr Formular auch auf Tablets geöffnet? Welche Version des PDF-Viewers steht den Anwendern mindestens zur Verfügung?

XML als Datenquelle

Wenn Ihr Formular mit Kunden-/Vertragsdaten vorausgefüllt werden soll, dann kommen Sie um die folgenden »Zutaten« fast nie herum:

- eine XML-Datei mit den Daten,

! Klären Sie unbedingt, woher die XML-Datei kommen soll!

Oft haben Sie die XML-Datei bereits, weil Sie ein Formular speziell für diese XML erzeugen (ein Barcode-Label, einen SAP-Bericht etc.). Dann müssen Sie nur sicherstellen, dass dieses XML (bzw. dieser SAP-Kontext) auch wirklich zu Beginn der Formularerstellung bereitsteht.

- den FormServer/ADS (Klären Sie zu Projektbeginn die Lizenzkosten und Ihr Budget! Es sind schon Formularprojekte an diesem Punkt gescheitert.).
  Die Alternative wäre bestenfalls ein Webserviceaufruf, der aber nur in sehr speziellen Fällen die Datenbefüllung per XML-Datei ersetzen kann.

In allen anderen Fällen gilt:

- Vereinbaren Sie mit den System-Zuständigen, die das XML liefern, eine vollständige, unveränderliche XML-Datei.
- Erstellen Sie eine XSD-Datei für das XML mit möglichst vielen »restrictions« und »enumerations« sowie erklärenden Kommentaren! Nicht vereinbarungsgemäß erstellte XMLs sind später ein häufiger Grund für nicht funktionierende Formulare. Mit einer XSD können beide Seiten die wichtigsten Aspekte der XMLs überprüfen.
- Klären Sie auch, welche Daten Sie erhalten, wenn das XML-liefernde System auf einen Fehler stößt.

4 Den LiveCycle Designer erstmalig einrichten

Einen frisch installierten LiveCycle Designer sollten Sie zunächst anpassen, um richtig produktiv mit ihm arbeiten zu können.

In diesem Kapitel behandeln wir diese Themen:

- Abschnitt 4.1 – Die Optionen des LiveCycle Designers einstellen,
- Abschnitt 4.2 – Eine bereits existierende Objektbibliotheksgruppe hinzufügen,
- Abschnitt 4.3 – Der Vorlageverwaltung eine bereits existierende Vorlagenkategorie hinzufügen,
- Abschnitt 4.4 – Den bereits vorliegenden Firmen-Stilkatalog hinzufügen,
- Abschnitt 4.5 – Raster und Einheiten festlegen.

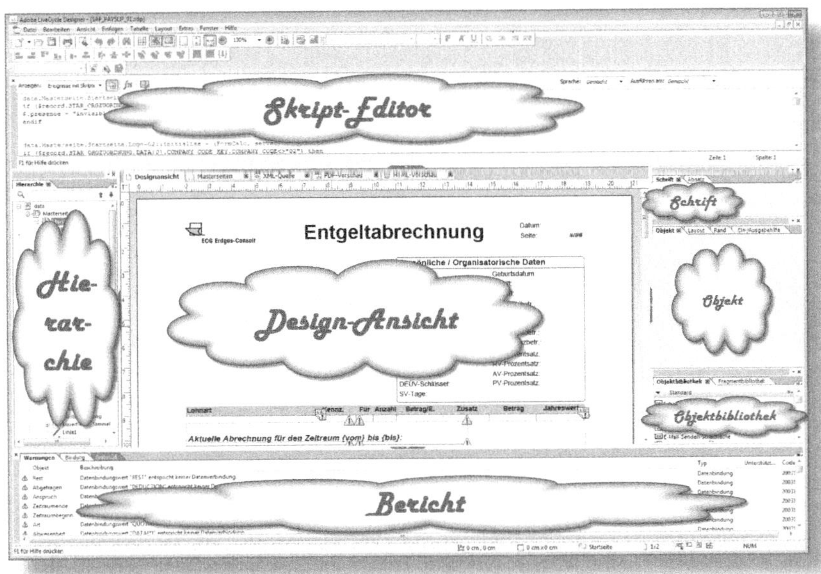

Abbildung 4.1: Die Oberfläche des LiveCycle Designers

SAP-Variante ohne »Datei«

Wenn Sie den von SAP bereitgestellten LiveCycle Designer erstmals öffnen, werden Sie feststellen, dass er keinen Menüpunkt DATEI besitzt. Einstellungen, die üblicherweise unter diesem Punkt vorgenommen werden, müssen Sie mit den Buttons in der SAP-Menüleiste darüber machen.

4.1 Konfiguration des LiveCycle Designers

Unter EXTRAS • OPTIONEN (siehe Abbildung 4.1) können Sie die Darstellungsmöglichkeiten des LiveCycle Designers sinnvoll einstellen. Wir gehen bewusst nur auf die wichtigsten ein. Die Übrigen (Sie werden sie fast nie ändern) können Sie bei Gelegenheit in der Online-Hilfe nachlesen. Für die Konfiguration gehen Sie wie folgt vor:

1. DOKUMENTOPTIONEN: Wählen Sie in den DATEIOPTIONEN (Abbildung 4.2) Ihren STANDARDDATEITYP. Er erleichtert Ihnen später das Sichern des Formulars, da Sie nicht jedes Mal auf »XDP« umschalten müssen.
   Setzen Sie außerdem einen Haken bei WARNUNGEN ANZEIGEN, WENN PALETTE ‚BERICHT' AUSGEBLENDET WIRD, damit Sie die Fehler im Formular immer vor Augen haben: Der »Bericht« sollte nie Fehler zeigen – es ist sinnvoll, ihn im Blick zu behalten.

2. Wählen Sie im ARBEITSBEREICH (Abbildung 4.3) den Skript-Editor: *JavaScript* wird am häufigsten eingesetzt, wenn Sie öfter programmieren. Diese Voreinstellung vermeidet Laufzeitfehler, bei denen JavaScript-Code als *FormCalc* interpretiert wird.

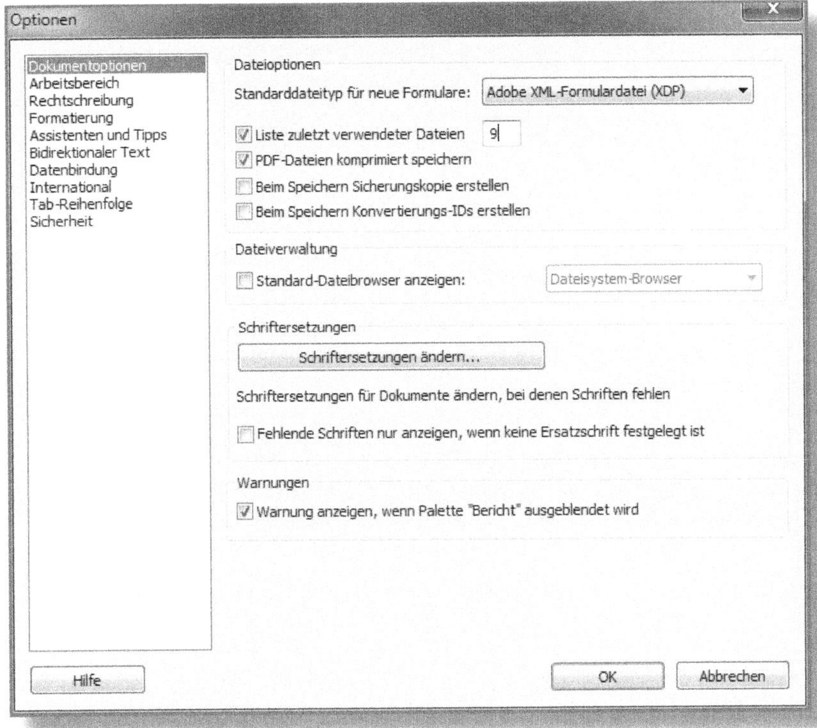

Abbildung 4.2: Dokumentoptionen im LifeCycle Designer

3. Wenn Ihre Formulare viel deutschen Text enthalten werden, dann aktivieren Sie die Rechtschreibprüfung! Klicken Sie dazu im Bereich RECHTSCHREIBUNG (Abbildung 4.4) die Funktion RECHTSCHREIBPRÜFUNG WÄHREND EINGABE PRÜFEN (❶) an. Wenn Sie oft technische Bezeichner etc. verwenden, sollten Sie diese jedoch ausschalten, um nicht mit Fehlermeldungen überschüttet zu werden.

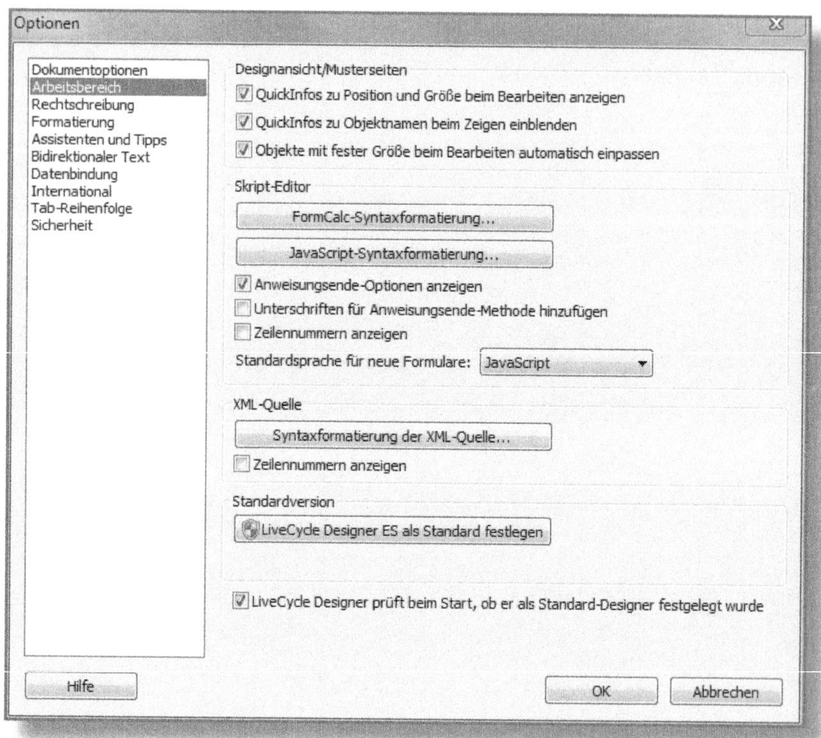

Abbildung 4.3: Einstellungen im Arbeitsbereich »Optionen«

! Sie können hier keine Sprache für die Rechtschreibung einstellen.

Die Sprache wird im LifeCycle Designer für jedes Textfeld separat eingestellt. Diese Rechtschreibprüfung hat auch nichts mit der Rechtschreibprüfung beim Ausfüllen durch den Anwender zu tun. (In Acrobat/Adobe Reader kann der Anwender mit F7 seine Eingaben auf korrekte Rechtschreibung überprüfen lassen.)

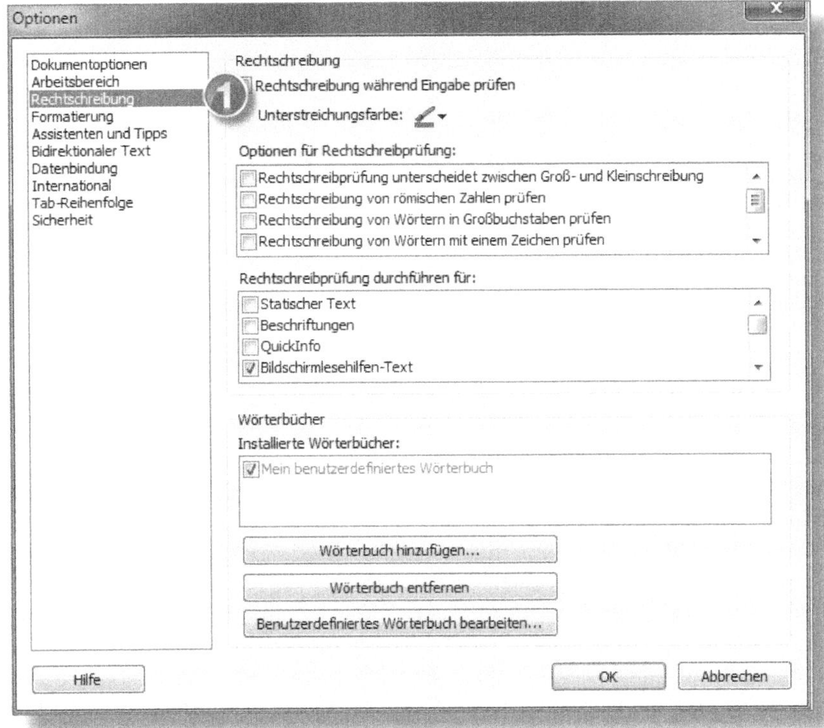

Abbildung 4.4: Rechtschreiboptionen

4. Klicken Sie im Bereich DATENBINDUNG (Abbildung 4.5) die Checkboxen ❶, ❷ und ❸ an. Die Warnung vor Aktualisierungen der Quelldatei der Datenverbindung (❸) kann sehr lästig werden, wenn Sie dieselbe Datei gleichzeitig als Testdaten-XML-Datei in der Dokumentvorschau verwenden.
   Nutzen Sie besser eine andere XML-Datei zum Testen. Auf diese Weise werden Sie nur noch bei Änderungen gewarnt, die auch Anpassungen in Ihrem Formular erfordern.
   Eigentlich sollte als Datenverbindung ohnehin ein XML-Schema und keine XML-Datei angegeben werden.

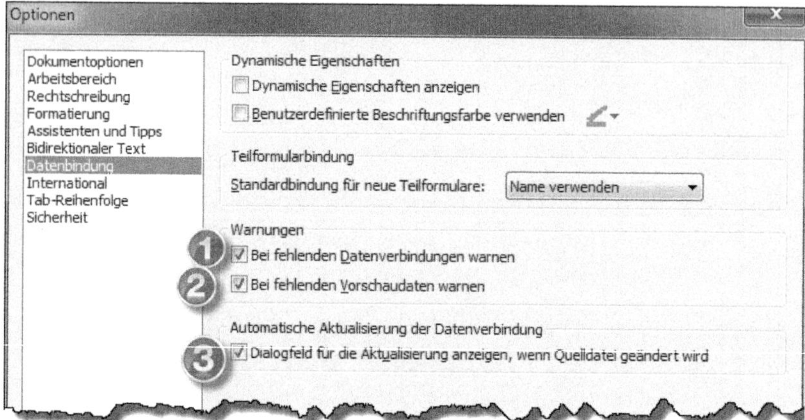

Abbildung 4.5: Datenbindungsoptionen

5. Setzen Sie im Bereich INTERNATIONAL (Abbildung 4.6) die Programmsprache auf Deutsch (❶), falls der LiveCycle Designer mit Englisch installiert wurde. Starten Sie den LiveCycle Designer dann neu, damit diese Spracheinstellung wirksam wird! Wenn Sie im Internet Fragen posten oder LiveCycle-Blogs verstehen möchten, müssen Sie allerdings die englischen Bezeichner kennen. Schalten Sie dazu Ihren Designer an dieser Stelle (❶) auf »Englisch« um. (So erfahren Sie übrigens, dass *Formulareigenschaften* auf Englisch *Form Options* heißt.)

! Die Programmsprache hat nichts mit der Sprache der Textfelder zu tun.

Die Programmsprache hat weder Einfluss auf die Rechtschreibprüfung noch auf die Default-Spracheinstellung von neu eingefügten Textfeldern.

Es ist nicht möglich, unter EXTRAS • OPTIONEN oder in den Formulareigenschaften eine andere Default-Sprache für alle neu eingefügten Formularobjekte festzulegen.

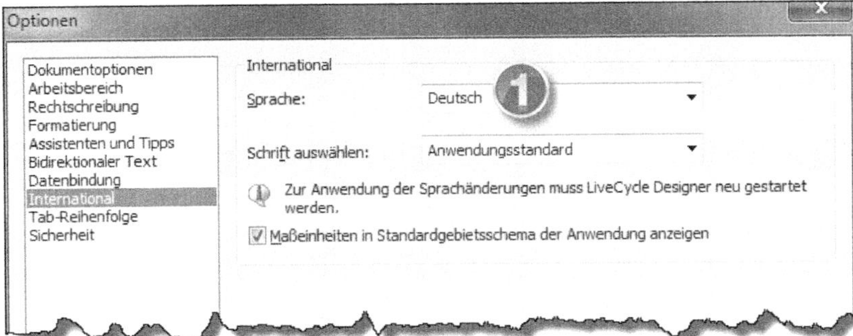

Abbildung 4.6: Programmsprachoptionen

6. Unter dem gleichnamigen Menüpunkt (Abbildung 4.7) sollten Sie die TAB-REIHENFOLGE (❶) üblicherweise nur für Felder festlegen.

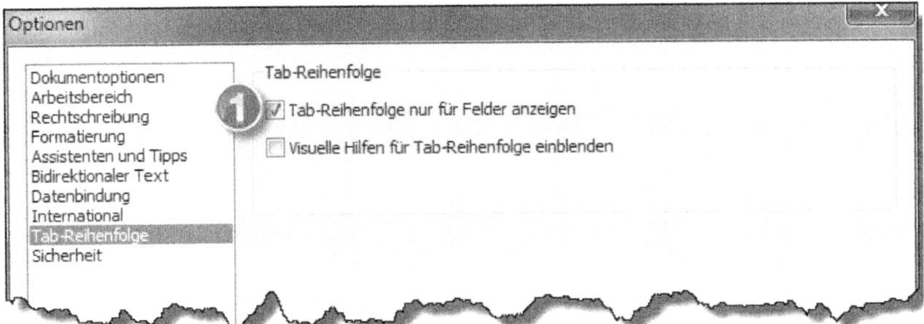

Abbildung 4.7: Tab-Reihenfolge-Optionen

Silbentrennung aktivieren

Diesem Thema geben wir besondere Aufmerksamkeit, da es selten richtig verstanden wird. Die Silbentrennung ist zudem nicht nur im Funktionsbereich OPTIONEN • FORMATIERUNG, sondern auch in den Formulareigenschaften des LifeCycle Designers verortet.

Sie können bei Text-Objekten und Textfeld-Objekten eine automatische Silbentrennung aktivieren. Oft klappt dies nicht auf Anhieb. Gehen Sie wie folgt vor:

1. Unter EXTRAS • OPTIONEN treffen Sie Voreinstellungen für die Formularoptionen ihrer **zukünftig** zu erstellenden Formulare. Erst mit den »Formulareigenschaften« ändern Sie das **aktuelle** Verhalten Ihrer Formulare. Daher: Wählen Sie den Menüpunkt EXTRAS • OPTIONEN und dort den Reiter FORMATIERUNG (Abbildung 4.8).

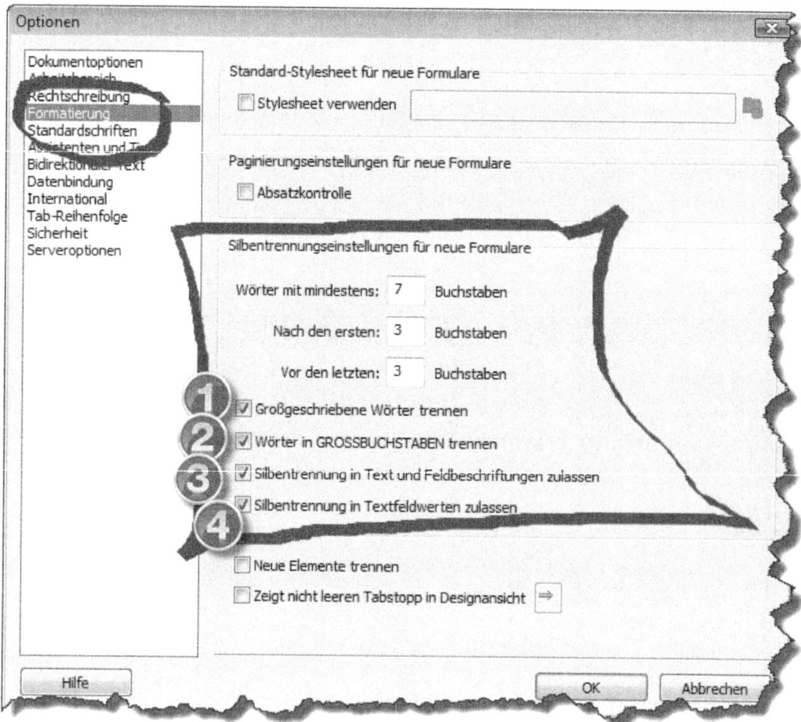

Abbildung 4.8: Silbentrennung für den LiveCycle Designer

Hier geben Sie an, welche Formularoptionen/SILBENTRENNUNGSEIGENSCHAFTEN Sie später bei **neuen** Formularen wünschen. Diese Einstellungen bilden quasi die Schablone für die Formularoptionen späterer Formulare. Sie werden aber von den Detail-Einstellungen in den Formulareigenschaften und den Objekteigenschaften der diversen Formularobjekte überschrieben.

Wenn Sie in den Einstellungen unter EXTRAS • OPTIONEN etwas ändern (z. B. die Checkboxen ❶ ❷ ❸ oder ❹), hat das keinen Einfluss auf die automatische Silbentrennung Ihres aktuellen Formulars.

2. Sie hatten im ersten Schritt die Vorlage für die Formulareigenschaften in den Extras-Optionen-Einstellungen angepasst. Nun stellen Sie für Ihr Formular ganz konkret die Formulareigenschaften ein. Erst diese Einstellungen haben eine wirkliche Auswirkung auf die Silbentrennung in Ihrem Formular:
Wählen Sie den Menüpunkt DATEI • FORMULAREIGENSCHAFTEN (bei SAP finden Sie die Formulareigenschaften unter EIGENSCHAFTEN in der SAP-Menüleiste) und darin den Reiter FORMATIERUNG (Abbildung 4.9). Wenn Sie dort eine der Silbentrennungs-Checkboxen ❼ oder ❽ ausschalten, wird bei allen Text- und Textfeld-Objekten in der ABSATZ-PALETTE (siehe nächster Schritt!) die Silbentrennung deaktiviert ❿ (siehe Abbildung 4.10). Setzen Sie Haken an diesen Checkboxen, dann wird bei den einzelnen Text- und Textfeld-Objekten die Silbentrennung ❿ allerdings nicht wieder eingeschaltet. Sie kann dann aber immerhin einzeln aktiviert werden. Erst mit dem Button »Silbentrennung für alle« (❾) wird sie für alle Text- und Textfeld-Objekte eingeschaltet. Bei jedem dieser Objekte ist dann in der ABSATZ-PALETTE die Silbentrennung ❿ aktiviert.

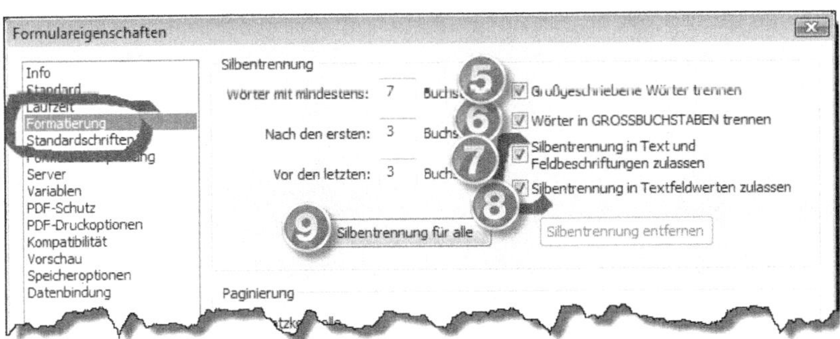

Abbildung 4.9: Silbentrennung für ein konkretes Formular

☛ Ausblick: Silbentrennung für jedes Eingabeobjekt

In Abschnitt 5.3 wird detailliert erklärt, wie Sie pro Eingabeobjekt (z. B. Feldobjekt) die Silbentrennung einschalten. Kurz gesagt:

1. Selektieren Sie Ihr Text- bzw. Ihr Textfeld-Objekt.
2. Öffnen Sie die Palette ABSATZ (zu finden im Menüpunkt FENSTER [in SAP: PALETTEN]).
3. Klicken Sie dort die Checkbox SILBENTRENNUNG ⑩ an (siehe Abbildung 4.10).

Abbildung 4.10: Silbentrennung bei einzelnen Text- und Textfeld-Objekten

4.2 Eine bereits existierende Objektbibliotheksgruppe hinzufügen

Gibt es in Ihrer Firma gemeinsam genutzte *Objektbibliotheksgruppen*? Dann müssen Sie diese in jeder Installation des LiveCycle Designers ergänzen.

Gehen Sie wie folgt vor, um eine Objektbibliotheksgruppe hinzuzufügen:

1. Öffnen Sie die Objektbibliothek (z. B. mit [⇧] + [F12] oder über den Menüpunkt FENSTER [in SAP: PALETTEN]).
2. Klicken Sie im Fenster der Objektbibliothek auf das kleine Icon ❶ ganz oben rechts (Abbildung 4.11) und wählen Sie in dem aufklappenden Menü GRUPPE HINZUFÜGEN… ❷.

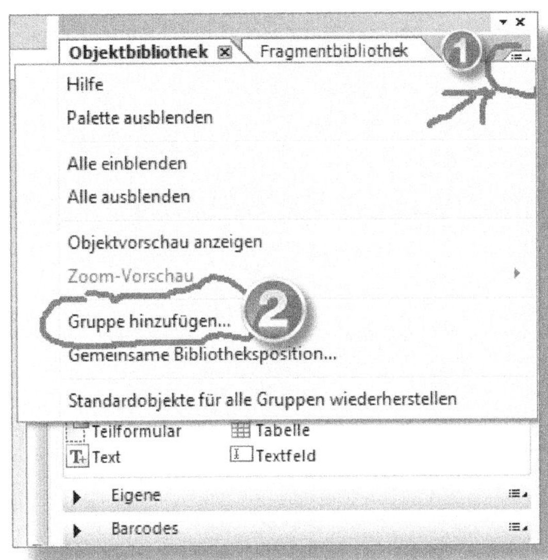

Abbildung 4.11: Objektbibliotheksgruppe hinzufügen

3. Geben Sie der Objektbibliotheksgruppe einen Namen, der zuvor mit Ihren Kollegen vereinbart wurde (Abbildung 4.12).

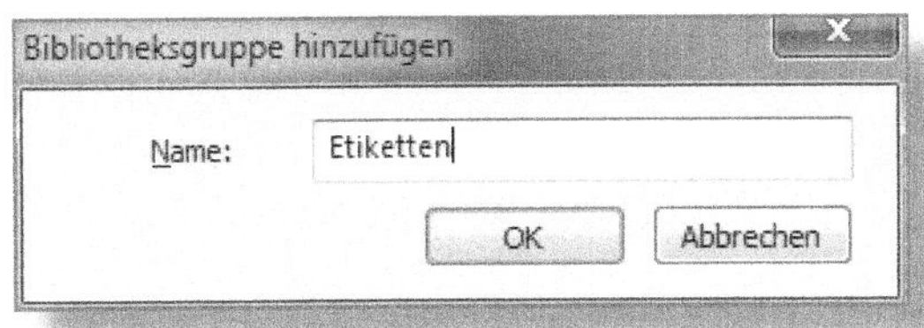

Abbildung 4.12: Namen der Objektbibliotheksgruppe angeben

4. Die neue Objektbibliotheksgruppe wurde eingefügt. Um das Objektbibliotheksgruppenmenü aufzurufen, klicken Sie wiederum auf das Icon ❶ am rechten Rand (Abbildung 4.13).

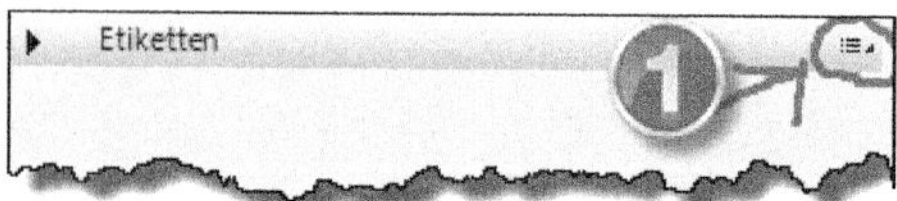

Abbildung 4.13: Eigenschaften einer Objektbibliotheksgruppe ändern

5. Klicken Sie in dem aufklappenden Menü auf GRUPPENEIGENSCHAFTEN ❶ (Abbildung 4.14).

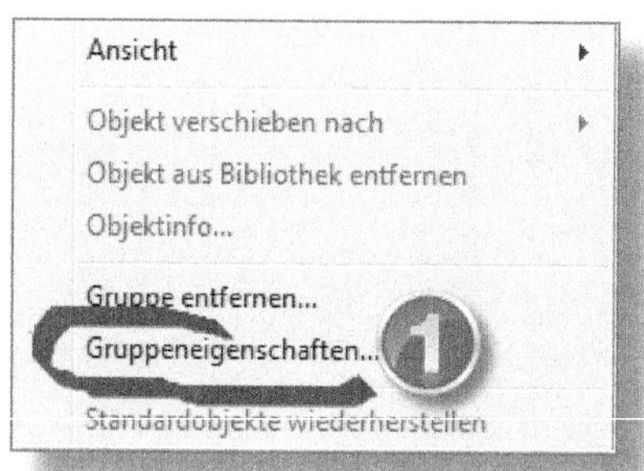

Abbildung 4.14: Gruppeneigenschaften

6. Im Feld POSITION ❶ (Abbildung 4.15) tragen Sie den Pfad der firmenweit genutzten Objektbibliotheksgruppe ein. Üblicherweise wird das die UNC-Pfad-Notation eines Netzlaufwerks sein.

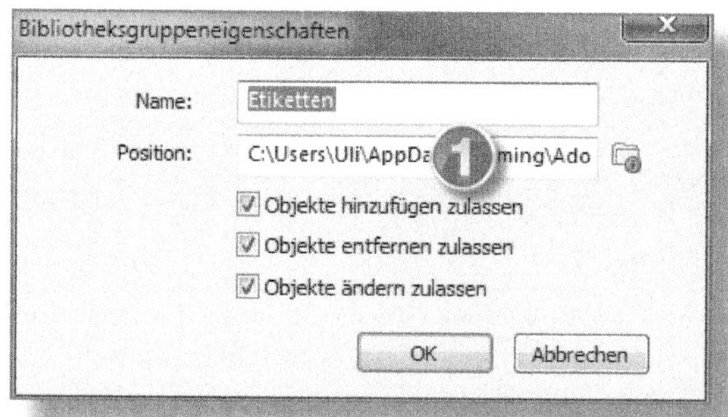

Abbildung 4.15: Pfad der Objektbibliotheksgruppe festlegen

4.3 Der Vorlagenverwaltung eine bereits existierende Vorlagenkategorie hinzufügen

Gibt es in Ihrer Firma gemeinsam genutzte Template-Vorlagen? Dann müssen Sie auch diese bei jeder Installation des LiveCycle Designers ergänzen.

Gehen Sie wie folgt vor, um eine Vorlagenkategorie hinzuzufügen:

1. Wählen Sie den Menüpunkt EXTRAS • VORLAGEN-MANAGER ❶ (Abbildung 4.16).

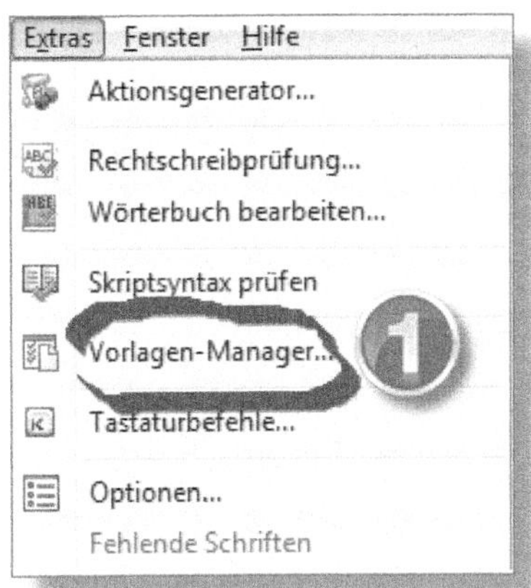

Abbildung 4.16: Vorlagenmanager öffnen

2. Klicken Sie in dem sich öffnenden Fenster auf das kleine Pfeil-Icon in der oberen rechten Ecke (Abbildung 4.17):

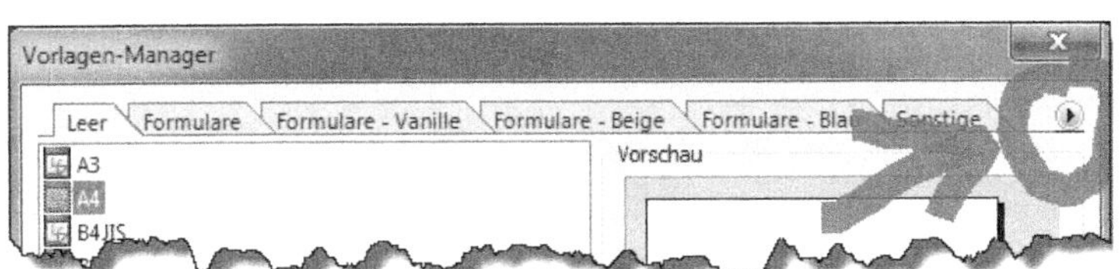

Abbildung 4.17: Menü des Vorlagenmanagers öffnen

3. Wählen Sie im aufklappenden Menü KATEGORIE HINZUFÜGEN ❶ (Abbildung 4.18).

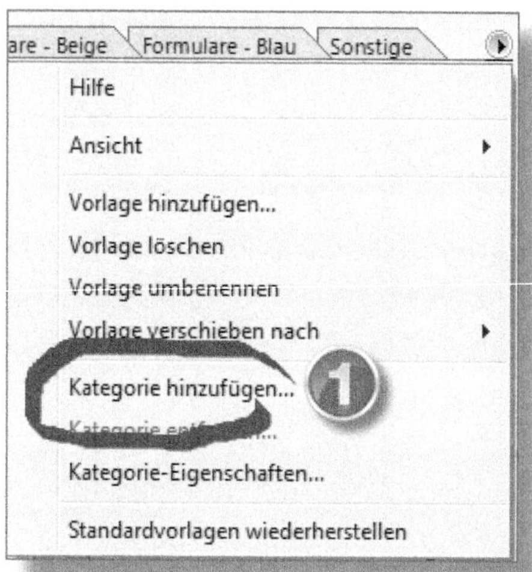

Abbildung 4.18: Vorlagenkategorie hinzufügen

4. Geben Sie der neuen Vorlagenkategorie den Namen, der in Ihrer Firma verwendet wird (Abbildung 4.19). In diesem Beispiel ist es zufällig derselbe Name wie vorhin bei der Objektbibliotheksgruppe. Wahrscheinlich werden das bei Ihnen unterschiedliche Begriffe sein.

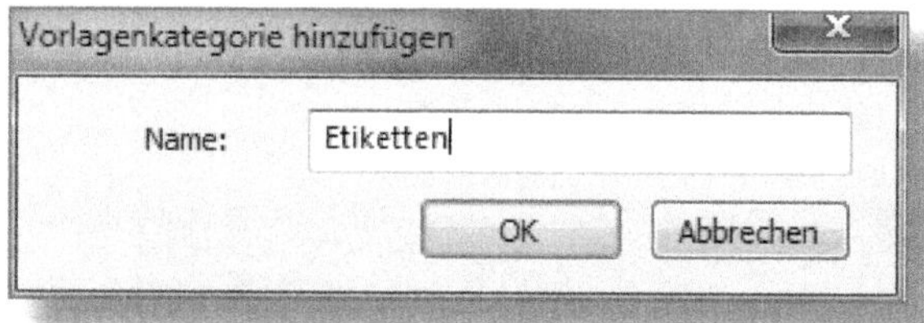

Abbildung 4.19: Name der Vorlagenkategorie festlegen

5. Klicken Sie erneut auf das kleine Pfeil-Icon ❶ in der oberen rechten Ecke. Wählen Sie im aufklappenden Menü KATEGORIE-EIGENSCHAFTEN ❷ (Abbildung 4.20).

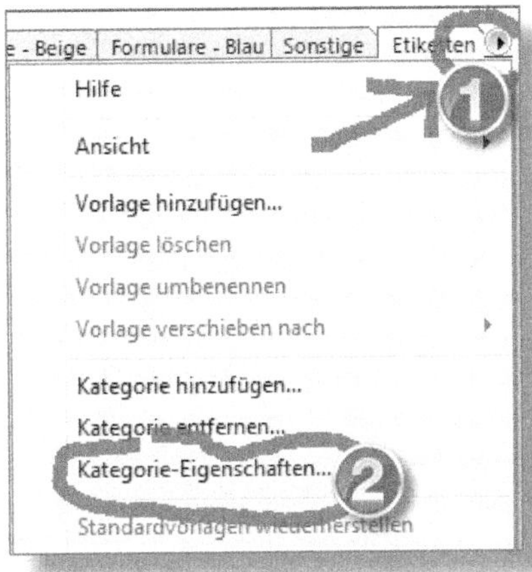

Abbildung 4.20: Eigenschaften der Vorlagenkategorie öffnen

6. Tragen Sie hier die Daten der firmenweit eingesetzten Vorlagenkategorie ein – insbesondere den (UNC-)Pfad ❷ (Abbildung 4.21).

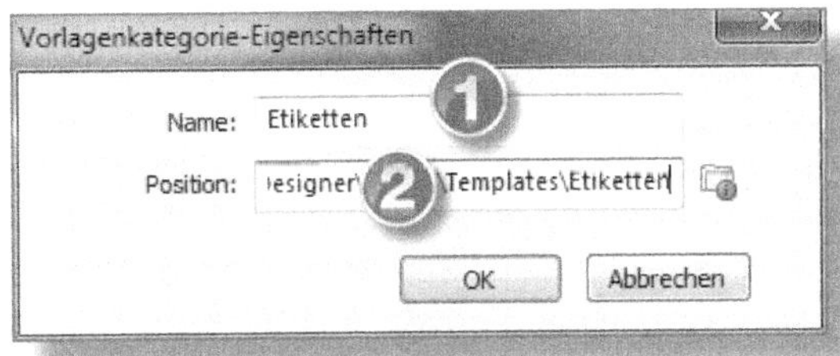

Abbildung 4.21: Vorlagenkategorie-Eigenschaften festlegen

4.4 Einen bereits vorliegenden Stilkatalog hinzufügen

Gibt es in Ihrer Firma einen gemeinsam genutzten Stilkatalog? Dann müssen Sie diesen in jeder LiveCycle-Designer-Installation ergänzen.

Gehen Sie wie folgt vor, um einen Stilkatalog hinzuzufügen:

1. Öffnen Sie EXTRAS • OPTIONEN • FORMATIERUNG ❶.
2. Klicken Sie STYLESHEET VERWENDEN ❷ an.
3. Wählen Sie die Datei des gemeinsam genutzten Stilkatalogs ❸.
4. Öffnen Sie die Palette FENSTER • STILKATALOG.
   Dort steht Ihnen nun Ihr Stilkatalog zur Verfügung.

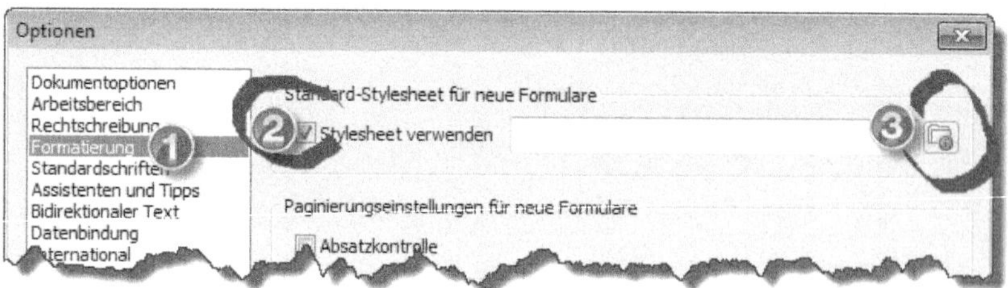

Abbildung 4.22: Standard-Stylesheet festlegen

4.5 Raster und Einheiten festlegen

Gehen Sie wie folgt vor, um das Raster und die Maßeinheiten festzulegen:

1. Öffnen Sie die Zeichenhilfen mit dem Menüpunkt FENSTER • ZEICHENHILFE (in SAP: PALETTEN • ZEICHENHILFE).
2. Stellen Sie Ihre Oberfläche wunschgemäß ein (Abbildung 4.23).

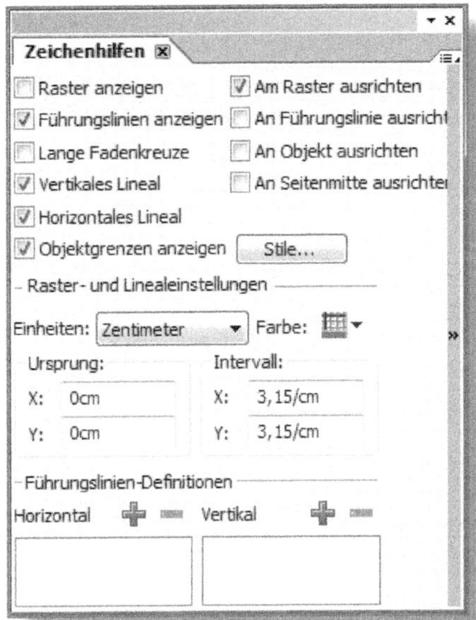

Abbildung 4.23: Zeichenhilfen festlegen

Tipps aus der Praxis

Wenn Sie rasch arbeiten wollen und keine strengen Vorgaben für das Layout haben (»linker Rand muss 12,23 mm vom linken Blattrand entfernt sein« etc.), dann stellen Sie ein:

- AM RASTER AUSRICHTEN,
- AM OBJEKT AUSRICHTEN,
- INTERVALL *5/cm* bzw. *0,5/mm*.

Wenn Sie kleine Etiketten gestalten oder die Objekte sehr genau platzieren möchten, dann sollten Sie

- die Funktion weder *am Raster* noch *an Führungslinie*, *Objekt* oder *Seitenmitte ausrichten*. Auch die Rasterweite (das Intervall) ist dann egal.

Hilfreich ist auch:

- Lineale sollten Sie immer einblenden, wenn genug Platz auf dem Bildschirm ist.
- Objektgrenzen sollten Sie immer einblenden (außer, Sie haben sehr viele Objekte übereinander).
- Lange Fadenkreuze sind oft lästig. Kurzzeitig helfen sie aber, Objekte gut übereinander zu platzieren.
- Führungslinien können optische Hilfen sein, z. B. um Ihre Objekte daran auszurichten. Üblich ist etwa eine Führungslinie für den Lochrand.
- Als Einheit empfiehlt sich »mm«, da Grafiker und Drucker Maße meist auch in Millimetern angeben.

! Raster-Intervall wird ungewöhnlich notiert

Wenn Sie beim Raster-Intervall »0,1/cm« eintragen, dann bedeutet das **nicht**, dass alle 0,1 cm, sondern vielmehr alle 10 cm ein Rasterpunkt kommt! Mit »5/cm« (bzw. »0,5/mm«) sind Sie auf der sicheren Seite.

5 LiveCycle Designer – die Bausteine eines Formulars

Lernen Sie in diesem Kapitel die wichtigsten Bestandteile eines Formulars kennen und wofür Sie diese in Ihrem Dokument verwenden können.

5.1 Die Formularobjekte

Sie bauen Ihr Formular vollständig aus Formularobjekten zusammen. Alles, was Sie später in einem Formular sehen, sind Formularobjekte.

Aus den folgenden Formularobjekten können Sie Ihr Formular erstellen:

- Abschnitt 5.2 – Grafische Objekte
- Abschnitt 5.3 – Eingabeobjekte
- Abschnitt 5.3.4 – Barcodes
- Abschnitt 5.3.5 – Buttons
- Abschnitt 5.3.6 – Tabellen
- Abschnitt 5.3.7 – Teilformular
- Abschnitt 5.3.8 – Feld in Fließtext
- Abschnitt 5.4 – Mehrere gleichartige Objekte

Ihnen stehen zwei alternative Wege offen, um Formularobjekte in ein bestehendes oder neu angelegtes Formular einzufügen. Über die Objektbibliothek geht es sehr bequem und schnell; die Menüleiste werden Sie wohl nur verwenden, wenn Sie am Laptopbildschirm sehr wenig Platz haben. Funktional sind beide Wege aber gleichwertig.

1. Formularobjekt über die Objektbibliothek einfügen

Um Formularobjekte über die Objektbibliothek einzubauen, sollten Sie das Fenster OBJEKTBIBLIOTHEK sehen – standardmäßig befindet sich diese am rechten Rand des Designfensters. Falls nicht, schalten Sie es mit FENSTER • OBJEKTBIBLIOTHEK ❶ ein (in SAP: PALETTEN • OBJEKTBIBLIOTHEK) (Abbildung 5.1) oder drücken Sie [⇧] + [F12].

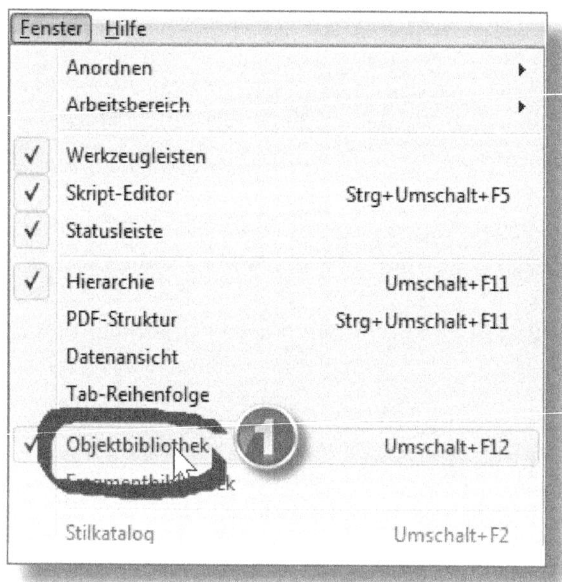

Abbildung 5.1: Objektbibliothek sichtbar machen

2. Formularobjekt über die Menüleiste einfügen

Alternativ können Sie die Formularobjekte auch über EINFÜGEN in der Menüleiste (Abbildung 5.2) ergänzen. Das lohnt aber nur, wenn Sie auf einem kleinen Laptopbildschirm arbeiten müssen und dem Objektbibliothekfenster nicht ein Fünftel des Bildschirms gönnen möchten.

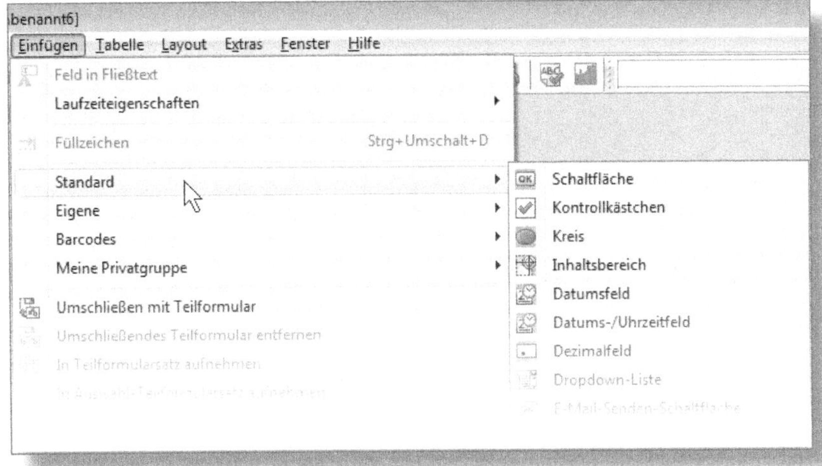

Abbildung 5.2: Formularobjekte über die Menüleiste einfügen

5.2 Grafische Objekte

Grafische Objekte sind statisch. Sie können nachträglich nicht verändert werden. Egal welche Eingaben die Benutzer in einem interaktiven Formular machen, egal welche Daten in ein Druckformular laufen: Diese Objekte werden immer gleich aussehen.

> **! Besonderheit bei mobilen Geräten**
>
> Vermeiden Sie bei Linien und Rändern eine Liniendicke kleiner als 1 Pixel (0,18 mm), wenn Sie Ihr Formular auch auf mobilen Geräten (Tablets) als HTML-Formular einsetzen möchten.

Kreis: Damit können Sie Ellipsen erstellen. Die Farbe und Dicke des Randes finden Sie nicht im Reiter RAND, sondern unter OBJEKT. Gern genutzt wird der *Kreis* z. B., um die Lochung auf Masterseiten darzustellen (als schwarz gefüllter kleiner Kreis). Diese Löcher lassen sich dann vor dem Druck ausblenden.

Rechteck: Die Anwendung des *Rechtecks* entspricht im Prinzip der des Kreises. Interessant ist, dass man gerundete Ecken einstellen kann.

Linie: Die *Linien* gibt es in verschiedenen Winkeln (45°, 90°, 270°). Aber meist werden sie nur als waagerechte Linie zwischen Formularblöcken verwendet.

Bild: Ein *Bild* ist (im Gegensatz zu einem Bildfeld) vorgegeben und statisch, d. h., in einem Bildobjekt wird unveränderbar immer dasselbe Bild dargestellt. Achten Sie darauf, die Bilddaten einzubetten. Denn der Pfad zum Bild funktioniert sonst nur auf Ihrem Rechner, und niemand könnte dann ein PDF mit diesem Bild auf einem anderen Rechner generieren. Allerdings blähen eingebettete Bilder die XDP-Datei enorm auf. Verwechseln Sie das Bildobjekt nicht mit dem Eingabeobjekt *Bildfeld* (siehe Abschnitt 5.3)!

T+ Text: Ein *Textobjekt* ist wie ein Bildobjekt vorgegeben und unveränderlich. Verwechseln Sie es nicht mit dem Eingabeobjekt *Textfeld* (siehe Abschnitt 5.3)!

5.3 Eingabeobjekte

Textfeld: In ein *Textfeld* gibt entweder der Benutzer selbst Daten ein (bei interaktiven Formularen), oder sie werden vom System aus einer Datenquelle befüllt (bei Druckformularen). Verwechseln Sie das *Textfeld* nicht mit dem grafischen Objekt *Text* (siehe Abschnitt 5.2)!

Die folgenden Textfeldtypen lassen nur eine festgelegte Datenart zu, sodass das Risiko einer Fehleingabe minimiert ist.

Dezimalfeld: In ein *Dezimalfeld* kann der Benutzer nur Dezimalzahlen (durch Komma getrennt) eingeben. Beispiel: *3,1415*

Numerisches Feld: In ein *Numerisches Feld* lassen sich nur Zahlen (**ohne** Komma) eingeben. Beispiel: *4711*

Datumsfeld: Ein *Datumsfeld* ist ein Textfeld, in das der Benutzer nur Kalenderdaten eingeben kann. Dem Benutzer wird dazu ein nettes Kalender-Pop-up angezeigt, mit dessen Hilfe er das Datum per Klick bequem auswählen kann.

Uhrzeitfeld: Außerdem steht noch das *Uhrzeitfeld* zur Verfügung, in das der Benutzer nur Kalenderdaten und Uhrzeiten eingeben kann.

Kennwortfeld: Im *Kennwortfeld* können Passwörter eingegeben werden, ohne dass Personen, die dem Benutzer über die Schulter schauen, dieses mitlesen können (Sterncheneingabe). Das werden Sie vermutlich nur benötigen, wenn Ihr Formular Daten aus einem Webservice oder einer Datenbank abfragt.

Kontrollkästchen oder *Checkbox*: Hier kann man zwischen den Zuständen »neutral«, »wahr« oder »falsch« wählen und Standardwerte festlegen. Bei interaktiven Formularen ist die Variante mit »neutral« zu bevorzugen. Denn so können Sie bewusste Benutzerentscheidungen vom voreingestellten Standardwert unterscheiden.

Listenfeld: Das *Listenfeld* ist ähnlich der Drop-down-Liste. In beiden Fällen wählt der Benutzer aus einer Liste von Werten aus. Das Listenfeld benötigt aber mehr Platz. Auch eine Mehrfachauswahl ist möglich, wenn Sie dies zulassen. Der Benutzer kann ausschließlich aus den vorgegebenen Werten wählen.

Bildfeld: In ein *Bildfeld* kann der Benutzer eigene Bilder einfügen (z. B. ein Foto in einen Unfallbericht). Es ist also nicht von vornherein festgelegt, welches Bild in einem Bildfeld dargestellt wird. Ein Bildfeld hat ein Binding und kann mit einem XML-Element gebunden werden. Das eigentliche Bild ist dementsprechend veränderlich. Verwechseln Sie das Eingabeobjekt BILDFELD nicht mit dem grafischen Objekt BILD, das eine unveränderbare Dekoration des Formulars darstellt (siehe Abschnitt 5.2).

Unterschriftsfeld: Hier kann der Benutzer eine elektronische Signatur einfügen. Sobald Sie das *Unterschriftsfeld* einfügen, erklärt Ihnen ein Pop-up weitere Optionen. Sie benötigen »digitale Zertifikate« für elektronische Signaturen. Dieses Thema wird in dem vorliegenden Anfängerbuch aber nicht behandelt.

! Besonderheiten bei mobilen Geräten

Bei Formularen für mobile Geräte (Tablet) funktioniert das Bildfeld nicht. Für diesen Einsatz müssen Sie sich selbst ein Widget bauen (lassen).

Zudem gibt es keine Unterschriftenfelder. Stattdessen existiert ein UNTERSCHRIFTENEINGABE-Feld (das auf Englisch treffender SIGNATURE SCRIBBLE heißt), in dem man auf einem Touchscreen eine Unterschrift zeichnen kann.

5.3.1 Die Optionsfeld-Gruppe/der Radiobutton

Optionsfeld: Über ein *Optionsfeld* legen Sie immer eine Gruppe von Feldern fest (mindestens zwei). Schön veranschaulichen lässt sich das anhand eines alten Radios, das schon solche Tasten hatte und als Namensgeber (engl.: Radiobutton) fungiert: Wenn man die Kurzwellen-Taste drückt, geht die zuvor gedrückte Mittelwellen-Taste automatisch wieder hoch. Es kann also immer nur eine der Tasten einer *Optionsfeld*-Gruppe zugleich gedrückt sein (Abbildung 5.3).

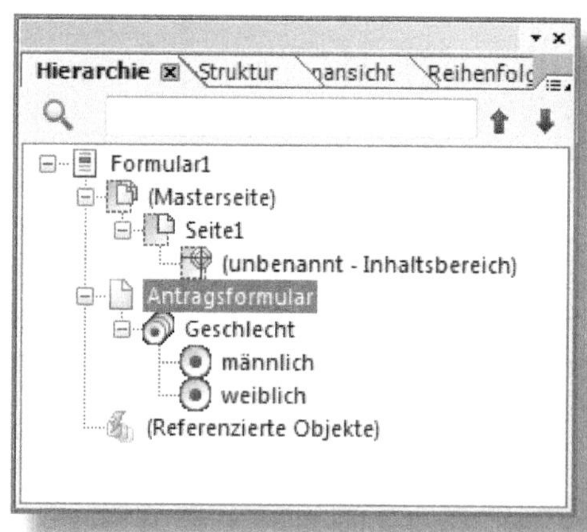

Abbildung 5.3: Optionsfeld-Gruppe in der Objekthierarchie

Die zu einer Gruppe (hier: Geschlecht) gehörenden Optionsfelder (hier: *männlich* und *weiblich*) werden im Hierarchie-Fenster zusammengefasst dargestellt.

Optionsfeld einfügen

Wurde bereits ein Optionsfeld (1) erstellt und wird dieses selektiert, erfolgt die Zuordnung aller folgenden Optionsfelder (2 bis n) bzw. der zugehörigen Optionsfeldliste zu diesem Optionsfeld (1) – egal an welcher Stelle im PDF-Formular die Felder (1 bis n) positioniert werden.

Überlegen Sie sich aber genau, ob an dieser Stelle wirklich in jedem Spezialfall immer eine Entweder-oder-Entscheidung vorliegt! Das ist schon bei männlich/weiblich nicht in jedem Einzelfall klar.

! Kopieren Sie nie Optionsfelder

Ziehen Sie Optionsfelder immer frisch von der Objektbibliothek in Ihr Formular. Denn jedem Optionsfeld ist ein interner »Wert« zugeordnet.

Beim Kopieren wird nicht automatisch ein neuer Wert vorgeschlagen, sondern der alte übernommen. Mehrere Optionsfelder mit dem gleichen Wert bringen dann aber alles durcheinander.

Wenn Sie doch einmal Optionsfelder kopiert haben oder Ihre Optionsfeldgruppe nicht so funktioniert wie gewünscht, dann kontrollieren Sie den Reiter Bindung in den Objekteigenschaften (Abbildung 5.4). Jedes Ihrer Optionsfelder muss hier einen anderen Wert haben. Ändern Sie ggf. den Wert einzelner Optionsfelder.

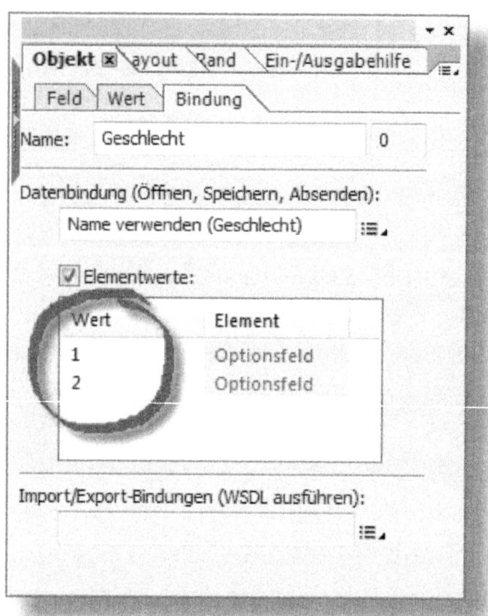

Abbildung 5.4: Bindung einer Optionsfeld-Gruppe in den Objekteigenschaften

5.3.2 Die Drop-down-Liste

Dropdown-Liste: Die *Drop-down-Liste* ist dem Listenfeld ähnlich. In beiden Fällen wählt der Benutzer aus einer Liste vorgegebene Werte aus. Die Drop-down-Liste benötigt aber weniger Platz, es gibt keine Mehrfachauswahl, und der Benutzer kann eigene Werte schreiben, sofern Sie das zulassen.

Werte mit Excel befüllen

Die Werte einer Drop-down-Liste von Hand einzutragen, kann mühevoll werden. Sie haben zwei Möglichkeiten, die Ihnen das Leben erleichtern:

- Sie nutzen eine fertige Drop-down-Liste aus einer Objektbibliotheksgruppe. (Unter EIGENE gibt es z. B. eine solche Liste mit allen Ländern. Evtl. haben Sie aber auch schon eigene Drop-down-Listen erstellt, siehe dazu Abschnitt 6.7.1).
- Sie übernehmen die Daten aus einer Excel-Datei.

Gehen Sie wie folgt vor, um die Werteliste aus einer Excel-Datei zu übernehmen:

1. Markieren Sie Ihre Liste in Excel (Abbildung 5.5).

Abbildung 5.5: Daten für eine Drop-down-Liste in Excel selektieren

2. Selektieren Sie Ihre *Drop-down-Liste* im Designer. Klicken Sie nun auf das markierte Symbol in Abbildung 5.6.

Abbildung 5.6: In Excel markierte Daten für eine Drop-down-Liste übernehmen

Und schon sind die Werte in Ihrer Drop-down-Liste (Abbildung 5.7):

Abbildung 5.7: Drop-down-Listen aus Excel übernehmen

3. Legen Sie ggf. noch einen Default-Wert im Reiter WERT fest (Abbildung 5.8). Das würde aber verhindern, dass Sie später feststellen können, ob der Benutzer das Feld zu füllen vergessen oder willentlich keine Eingabe gemacht hat.

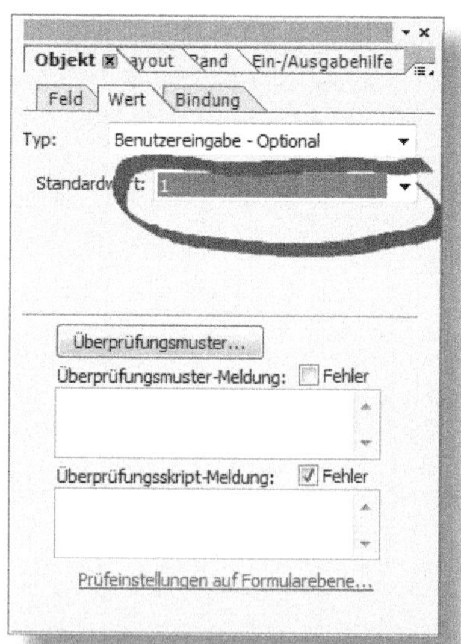

Abbildung 5.8: Default-Wert einer Drop-down-Liste festlegen

5.3.3 Einstellungen für Eingabeobjekte

Im Fenster OBJEKT können Sie Einstellungen für ein selektiertes Formularobjekt vornehmen. Einige Einstellungen sind spezifisch für einen bestimmten Objekttyp, wie etwa für den in Abbildung 5.9 gezeigten FELD-Objekttypen *Textfeld*.

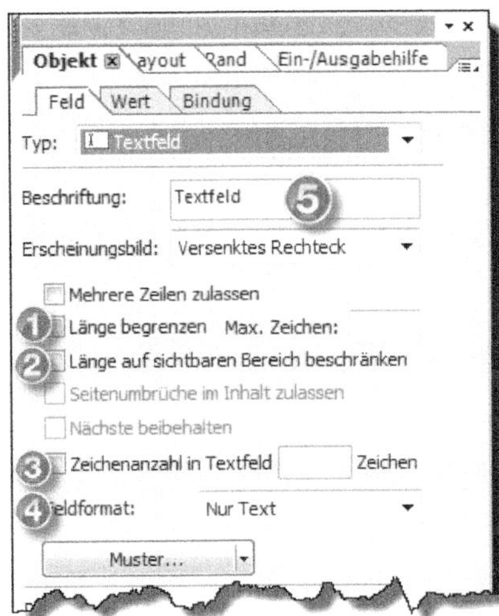

Abbildung 5.9: Feldobjekttypen

Hier einige Entscheidungshilfen:

❶ LÄNGE BEGRENZEN sollten Sie immer vorsehen, wenn die Daten letztlich in einer Datenbank landen. Denn spätestens dort gibt es eine maximale Zeichenzahl.

❷ LÄNGE AUF SICHTBAREN BEREICH BESCHRÄNKEN ist sehr sinnvoll bei zu druckenden interaktiven Formularen. Denn versteckte Daten, die nicht mehr in das Feld passen, können sowieso nicht gedruckt werden. Wenn die Datenmenge gelegentlich nicht in das Feld passt, sollten Sie ein dynamisches Formular erstellen und das Feld mit dem Inhalt wachsen lassen.

❸ ZEICHENANZAHL IN TEXTFELD XXX ZEICHEN: ergibt einen *Kamm*: Das ist der Fachbegriff für Eingabefelder, bei denen für jedes Zeichen ein Kästchen gedruckt ist. (Man kennt das von Überweisungsformularen.) Das kann dem Benutzer helfen, die maximale Zeichenzahl gleich zu erkennen. Gern verwendet man diese Möglichkeit bei Formularen, die zum manuellen Ausfüllen auf Papier auch blanko gedruckt werden. Diese Option kann aber problematisch werden, wenn das Formular durch eine OCR erfasst wird und die Abstände der Zeichen zu den Kästchenrändern zu klein sind.

☛ Besonderheit bei mobilen Geräten

Bei Formularen für mobile Geräte (Tablets) wird zwar kein »Kamm« dargestellt, die Zahl der Zeichen ist aber trotzdem begrenzt.

❹ FELDFORMAT: Hier können Sie auf *Rich Text* umstellen (Abbildung 5.10).

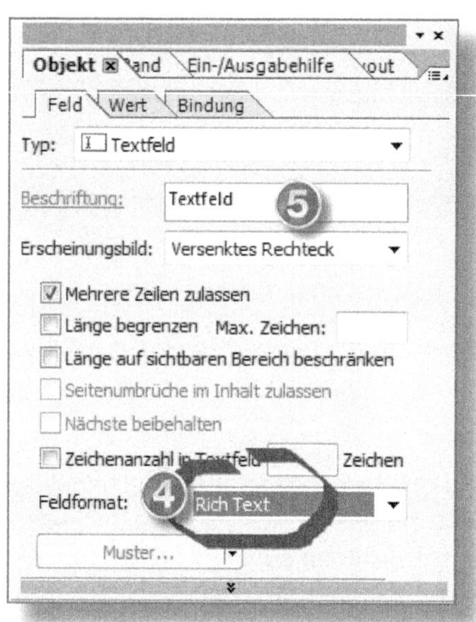

Abbildung 5.10: Feldformat auf Rich Text umstellen

Standardmäßig vorgegeben ist das Feldformat *Nur Text*. Dann sind die Feldinhalte unformatierter Text. Sie können zwar die Schriftart, Schriftgröße, Schriftfarbe einstellen, aber z. B. nicht nur einige Buchstaben im Feld fett drucken.

Beim Feldformat *Rich Text* haben Sie ein paar mehr Möglichkeiten: In interaktiven Formularen können Sie mit dem Adobe Reader in dem Feld mittels rechter Maustaste einige zusätzliche Formatierungen nutzen (Abbildung 5.11). Sie können auch bereits formatierten Text – z. B. eine unterstrichene Textpassage aus Word – in das Textfeld kopieren.

Besonderheit bei mobilen Geräten

Bei Formularen für mobile Geräte (Tablet) wird das Feldformat ignoriert. Es existiert ausschließlich *Nur Text*.

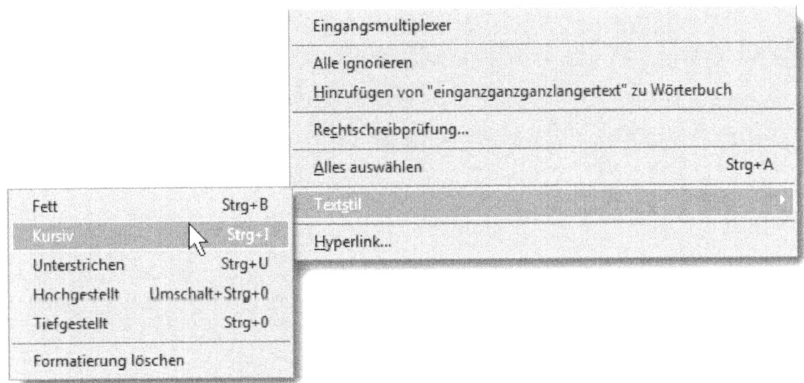

Abbildung 5.11: Im Adobe Reader den Textstil von eingegebenem Text ändern

Platz für Feldbeschriftung

Achten Sie darauf, dass immer genug Platz für Ihre Feldbeschriftung (❺ in Abbildung 5.10) vorgesehen ist. Wenn Sie ein rotes Pluszeichen (Abbildung 5.12) unten rechts im Feld sehen, dann sollten Sie die Feldmaße ändern.

Abbildung 5.12: Feldmaße anpassen, wenn Feldbeschriftung beschnitten wird

Wenn der Platz für die Feldbeschriftung nicht reicht, können Sie den Adobe Reader die Feldbeschriftung in PDF-Formularen umbrechen lassen.

> **! Besonderheit bei mobilen Geräten**
>
> Mobile Geräte beherrschen diesen Umbruch bei HTML-Formularen nicht –Teile der Feldbeschriftung würden fehlen.

Sie können längere Feldbeschriftungen automatisch umbrechen lassen. Das sieht dann wie in Abbildung 5.13 aus.

Abbildung 5.13: Automatische Silbentrennung – Beispiel

Der Benutzer kann zwar so die Feldbeschriftung lesen, aber es sieht meist hässlich aus. Denn den Zeilenumbruch legt der Adobe Reader ohne jedes ästhetische Empfinden automatisch fest.

Automatische Silbentrennung der Feldbeschriftung einschalten

Gehen Sie wie folgt vor, um die Feldbeschriftung automatisch umbrechen zu lassen:

1. Öffnen Sie die Palette ABSATZ.
2. Markieren Sie ein Formularobjekt.
3. Klicken Sie nun die Checkbox SILBENTRENNUNG an (Abbildung 5.14).

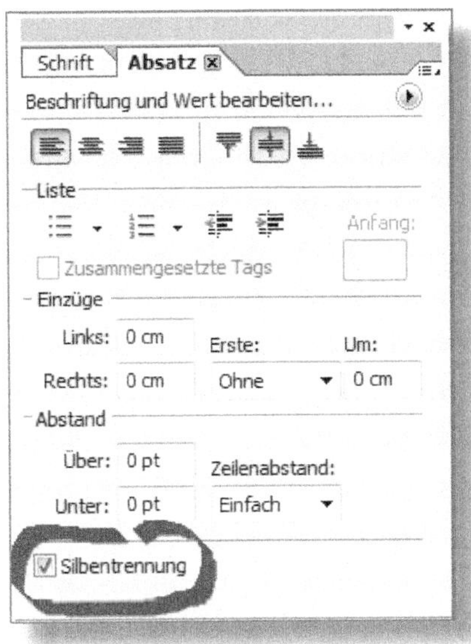

Abbildung 5.14: Silbentrennung der Feldbeschriftung

Verpflichtende Eingabe und Standardwert

Im Fenster OBJEKT können Sie Einstellungen für ein selektiertes Textfeld vornehmen. Die Einstellmöglichkeiten im Unterfenster WERT sehen für alle Formularobjekte identisch aus (Abbildung 5.15). Sie legen dort fest, ob im neu geöffneten Formular bereits ein Standardwert erscheinen soll und wie stark Sie den Benutzer in die Pflicht nehmen wollen, einen Wert einzutragen.

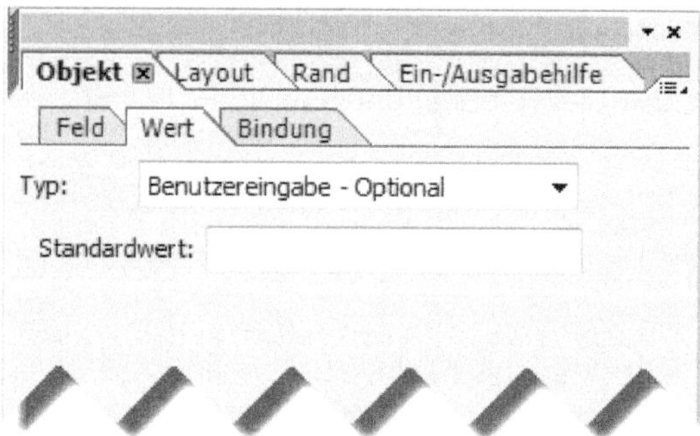

Abbildung 5.15: Pflichtfeld-Eigenschaft und Standardwert setzen

Hier einige Entscheidungshilfen:

Setzen Sie nur nach reiflicher Überlegung den TYP *Benutzereingabe – Erforderlich*. Falls Ihr Benutzer die Daten gerade nicht zur Hand hat oder es für einen Spezialfall gar keine Daten gibt, verhindern Sie so die Weiterarbeit. Das kann sehr ärgerlich für den Benutzer sein – und für Sie.

So ist beispielsweise eine Adresse meist unvollständig, wenn keine Straße angegeben wurde. Doch gibt es durchaus Dörfer ohne Straßennamen, ausschließlich mit Hausnummern. Würden Sie das Straßenfeld zum Pflichtfeld erheben, provozieren Sie Nachfragen. Und das Formular kann nicht an Sie übermittelt werden (es sei denn, der Benutzer erfindet einen Straßennamen, um sich aus dem Dilemma zu befreien – aber das wäre auch nicht in Ihrem Sinne).

Standardwerte sind oft sinnvoll. Sie können dann aber nicht mehr entscheiden, ob der Benutzer bewusst einen Wert eingegeben oder das Feld übersehen hat. Für das Anredefeld in einem Formular zu einer medizinischen Studie würden Sie also keinesfalls einen Standardwert setzen. Die Anmeldung zu einer American-Football-Trainerausbildung können Sie dagegen getrost mit »Herr« vorbelegen – die wenigen Damen unter den Formularnutzern würden es schon korrigieren. Es hängt also vom einzelnen Feld und vom Formularzweck ab.

Die Sprache und Rechtschreibprüfung pro Textfeld einstellen

Die Einstellung von Sprache und Rechtschreibprüfung ist lange nicht so flexibel, wie Sie das evtl. erwarten würden.

In Abschnitt 4.1 zeigten wir Ihnen, dass die Spracheinstellung in EXTRAS • OPTIONEN • INTERNATIONAL nichts mit der Rechtschreibprüfung und Silbentrennung in Eingabeobjekten zu tun hat. Und auch unter EXTRAS • OPTIONEN • RECHTSCHREIBUNG können Sie **nicht global** eine Sprache für alle Textfelder vorgeben. Die Sprache der Textfelder müssen Sie bei jedem Formularobjekt individuell festlegen – sofern Sie eine spezielle benötigen.

In den Formulareigenschaften eines XDP-Templates gibt es keine Einstellungen zur Sprach- bzw. Rechtsschreibprüfung. Im LiveCycle Designer können Sie praktisch nur die Rechtschreibung des Formular-Designers kontrollieren, aber nicht die des Formularausfüllers steuern.

Selektieren Sie ein Textfeld. In den Objekteigenschaften dieses Formularobjektes (Abbildung 5.16) im Reiter FELD steuert die SPRACHE die Rechtschreibprüfung der Texte, die Sie in das Formular schreiben.

Alternativ können Sie in einer Objektbibliotheksgruppe Formularobjekte mit speziellen Spracheinstellungen anlegen (vgl. Abschnitt 6.7.1).

! In den Objekteigenschaften können Sie die Sprache der Rechtschreibprüfung nur für die Wörter einstellen, die der Anwender später in das Formular schreibt.

Die Rechtschreibprüfung erledigen Acrobat bzw. der Adobe Reader. Dort kann der Anwender mit F7 seine Eingaben auf korrekte Rechtschreibung überprüfen lassen. Die Sprache muss er – global – in seinem Adobe Reader einstellen.

Der LiveCycle Designer hat mit der Rechtschreibprüfung in Eingabeobjekten fast nichts zu tun. Man kann zwar die Sprache (die eigentlich das »Gebietsschema«, engl. *locale*, meint und z. B. auch die Datumsschreibweise steuert) einstellen – ob und wie die Eingaben rechtschreibgeprüft werden, ist aber Sache des Acrobat bzw. Adobe Readers. Es ist insbesondere unmöglich, bei einigen Feldern eine Rechtschreibprüfung zu erzwingen.

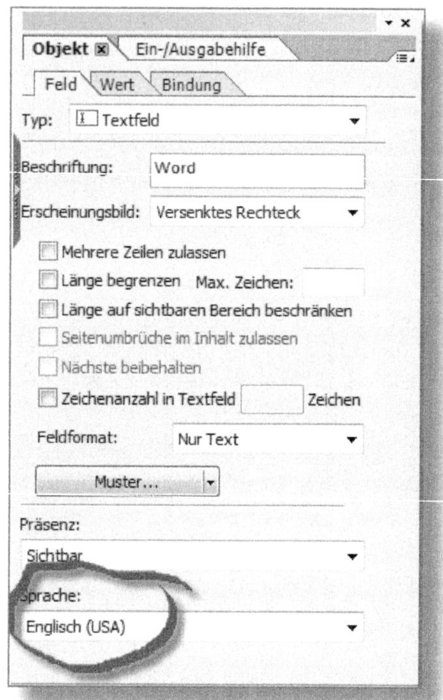

Abbildung 5.16: Sprachauswahl für Rechtschreibprüfung der Formulareingaben

Farbe des Wertebereichs einstellen

Gehen Sie wie folgt vor, um die Farbe des Wertebereichs zu ändern (Als Beispiel sehen Sie in Abbildung 5.22 das dunkle Rechteck ❶, in das der Benutzer Text eingibt.):

1. In den OBJEKTEIGENSCHAFTEN im Reiter FELD (Abbildung 5.17) klicken Sie in der Drop-down-Liste ERSCHEINUNGSBILD auf *Benutzerdefiniert...* ❶.

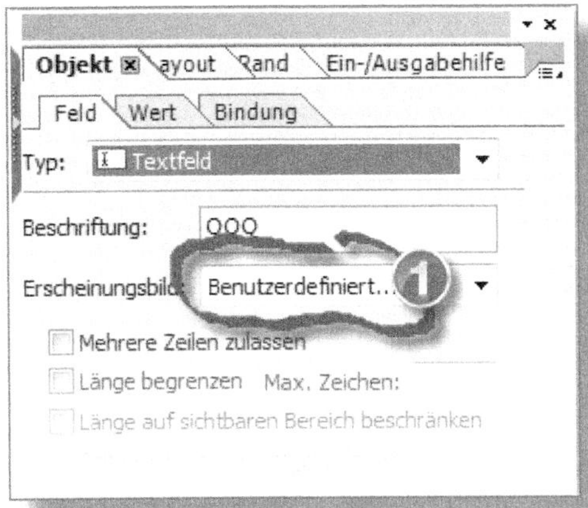

Abbildung 5.17: Benutzerdefiniertes Textfeld in den Objekteigenschaften festlegen

2. Im sich öffnenden Fenster ANGEPASSTES ERSCHEINUNGSBILD (Abbildung 5.18) wählen Sie den Stil *Durchgehend* ❶ und die gewünschte Farbe des Wertebereichs ❷.

Abbildung 5.18: Benutzerdefiniertes (angepasstes) Erscheinungsbild mit der Farbe des Wertebereichs

Maße eines Eingabeobjektes einstellen

Meist ist auf Formularen sehr wenig Platz, und Sie müssen zaubern, um alle Felder in Ihre Formulare zu quetschen. Gerade für Textfelder gibt es aber zum Glück einige Einstellungsoptionen, damit sie exakt so aussehen, wie Sie sich das vorstellen.

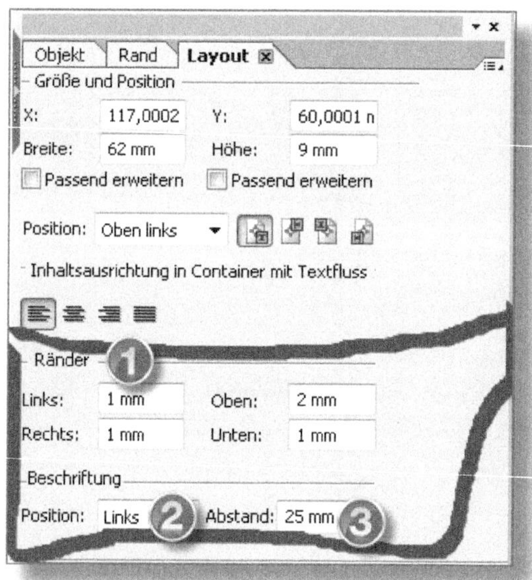

Abbildung 5.19: Ränder eines Feldes und die Lage seiner Beschriftung festlegen.

1. **Layout-Fenster**
   - Unter RÄNDER bestimmen Sie, wie viel Abstand der Eingabetext vom linken, rechten, oberen und unteren Rand haben soll ❶ (den Wert können Sie auf »0« setzen, wenn das Textfeld rund um den Eingabebereich bereits einen Rand hat).
   - Unter BESCHRIFTUNG legen Sie einerseits die POSITION der Feldbeschriftung ❷ (die nicht immer links vom Wertebereich sein muss)

- und andererseits den ABSTAND ❸ des Wertebereichs vom linken Rand fest.

2. **Platz für Beschriftung**

Achten Sie darauf, dass immer genug Platz für Ihre Feldbeschriftung vorhanden ist. Wenn Sie ein rotes Pluszeichen (Abbildung 5.12) unten rechts im Feld sehen, dann müssen Sie die Feldmaße ändern.

3. **Hintergrundfarbe festlegen**

Gehen Sie wie folgt vor, um die Hintergrundfarbe des gesamten Eingabeobjektes zu ändern. In der Abbildung 5.22 ist es das umgebende hellere Rechteck ❷:

Wählen Sie in den OBJEKTEIGENSCHAFTEN im Reiter RAND (Abbildung 5.20) den STIL *Durchgehend* ❶ und dann die Hintergrundfarbe ❷.

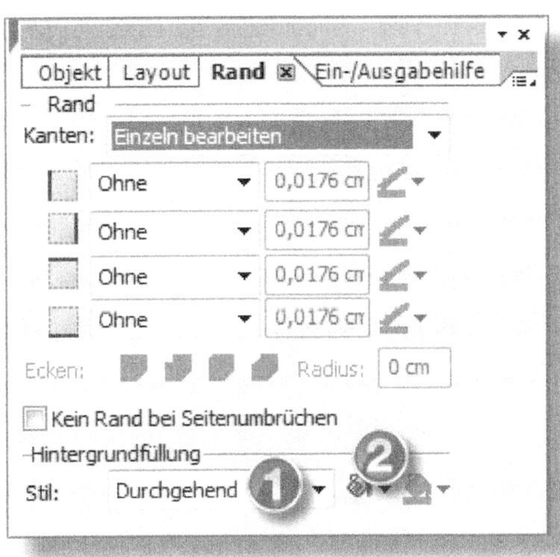

Abbildung 5.20: Hintergrundfarbe des Eingabeobjektes ändern

4. Absatz-Formatierung

Im Fenster ABSATZ (Abbildung 5.21) stellen Sie zuerst ein, ob Sie das Format der Feldbeschriftung (*Beschriftung bearbeiten*), des Eingabetextes (*Wert*) oder beides zusammen ändern möchten (❶).

Abbildung 5.21: Layout des Absatzes definieren

! Absatzformate sind häufige Fehlerursache

Wenn Sie unerklärliche Ränder, Abstände und Verschiebungen von Formularfeldern feststellen, dann gehen Sie alle Einstellmöglichkeiten im Fenster ABSATZ systematisch und sorgsam durch! Vergleichen Sie jede Einstellung mit der ähnlicher Formularfelder, die rätselhafterweise anders aussehen. Sie sind eine sehr häufige Fehlerquelle.

Folgende Einstellungen am Absatzformat können vorgenommen werden:

- Im oberen Bereich ❷ legen Sie fest, ob der Text linksbündig sein und oben anstoßen soll (allerdings gibt es bei Buchstaben mit Oberlänge trotzdem oben immer einen kleinen weißen Bereich, den Sie nie loswerden). Vergessen Sie diese Einstellmöglichkeit nicht! Gelegentlich sucht man lange nach linken Rändern, um später festzustellen, dass der Absatz zentriert und nicht linksbündig ist. Im Bereich EINZÜGE ❸ können Sie Texteinrückungen festlegen, die immer noch zum linken bzw. rechten Rand hinzukommen. Wenn Text mehrzeilig ist (ggf. auch nur durch einen Zeilenumbruch), können Sie mit der Drop-down-Liste ERSTE festlegen, dass die erste Zeile (Drop-down-Wert *Erste Zeile*) oder die Folgezeilen (Drop-down-Wert *hängend*) einen zusätzlichen Einzug erhalten. Dieser wird stets zum normalen Einzug und dem linken/rechten Rand hinzugezählt.
- Im Bereich ABSTAND ❹ können Sie den ABSTAND ÜBER und UNTER (dem Text) einstellen. Es wird sozusagen der »vertikale Einzug« festgelegt. Dieser spielt aber nur eine Rolle, wenn der Absatz vertikal oben bzw. unten bündig sein soll.

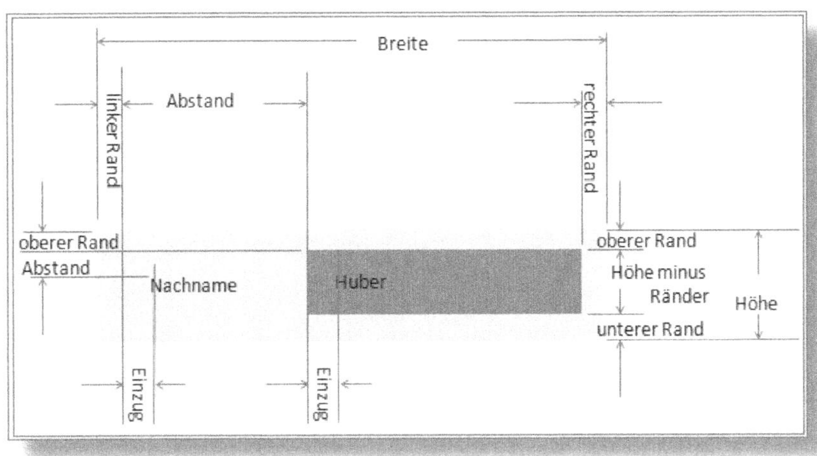

Abbildung 5.22: Auswirkungen der Einstellungen zum Einzug und Abstand

5.3.4 Barcodes

Gedruckte Formulare bieten oft einen Teil der Formularinformationen als Barcode an, um daran beispielsweise mit einem Handscanner die Bestellnummer auf einem Lieferschein abgelesen zu können, oder ein Produkt-Label enthält die Seriennummer als Barcode. Oft kodiert man auch den Formulartyp und eine Dokumenten-Management-System-ID als senkrechten Barcode am Formularrand; so kann ein Formular nach Rücksendung im Posteingang automatisch zugeordnet werden.

Es gibt mehrere Arten von Barcodes. In der Objektbibliothek sind sie jeweils in einer eigenen Gruppe von Formularobjekten zusammengefasst. Am Ende dieses Abschnitts finden Sie ein paar Kriterien für die Auswahl des für den jeweiligen Zweck passenden Barcodes.

 *Software-Barcodes* sind auch am Bildschirm sichtbar, wie z. B. »Code2of5InterleavedBarCode«, »Code128SSCCBarCode« – das sind die klassischen eindimensionalen Barcodes.
Zu den Software-Barcodes zählen zudem drei zweidimensionale Barcode-Typen: Datenmatrix/Datamatrix, PDF417 und QR-Code, bei denen Sie nur Festwerte darstellen können. Wenn Sie Benutzereingaben zweidimensional verschlüsseln möchten, müssen Sie den »Papier-Barcode« verwenden und zusätzliche Reader-Extensions hinzufügen (vgl. Abschnitt 2.2).

 *Hardware-Barcodes* werden erst im Drucker generiert – am Bildschirm sieht man nur Platzhalter.

 *Papier-Barcode*: Zu diesem zweidimensionalen Barcode gibt es nur einen einzigen Objekttyp, der aber über die Eigenschaften unterschiedliche Ausprägungen erhalten kann (Datenmatrix/ Datamatrix, PDF417 und QR-Code). Interaktive PDFs, die diese Barcodes nutzen, benötigen spezielle Reader Extensions (vgl. Abschnitt 2.2), die auch Acrobat nicht hinzufügen kann – und die nicht ganz billig sind.

! Papier-Barcodes bei SAP

Außerhalb von SAP benötigen Sie »Reader Extensions« für Papier-Barcodes.

Mit SAP benötigen Sie »ReaderRights Credentials«. Diese müssen Sie separat hinzufügen.

☛ Besonderheit bei mobilen Geräten

Bei Formularen für mobile Geräte (Tablet) gibt es keine Barcodes.

Eigenschaften der Barcodes

Datenlänge, Größe, Position usw. können in den Fenstern OBJEKT und LAYOUT angepasst werden (Datenlänge = Länge der Strings, die erwartet werden).

2-D-Barcodes können nur vom FormServer befüllt werden. Um Barcodes mit Daten zu füllen, muss eine Daten-Bindung hergestellt werden.

! Formatierung von Barcodes

Um den Barcode herum muss stets ein weißer Rand gelassen werden.

Die Pixelgröße des Datamatrix-Barcodes lässt sich anpassen – allerdings nicht in den Objekteigenschaften, sondern nur in der XML-Ansicht.

Barcodes auswählen und anpassen

Barcodes sind deutlich komplexer, als man denkt. Für die Auswahl des richtigen Barcode-Typs müssen Sie klären:

- Welche Barcode-Typen kann ich mit meinen Scannern lesen?
- Welche Zeichen/welches Alphabet muss ich lesen können?
- Wie viel Platz habe ich? Wie groß muss die Informationsdichte sein?
- Wie viele Zeichen muss ich maximal unterbringen?

Für die Gestaltung sollten Sie wissen:

- Wie schief kann das Blatt maximal in den Scanner kommen?
- Wie viel weißen Platz rund um den Barcode erwartet der Scanner?
- Wird das gedruckte Blatt auch gefaxt, kopiert etc.?

Lassen Sie sich ggf. von einem Fachmann beraten. Mit Barcodes kann man viel verkehrt machen. Am Ende werden Sie nicht um intensive Experimente herumkommen.

Daten im Papier-Barcode auswählen

Ein zweidimensionaler Barcode kann erstaunlich viele Daten aufnehmen – aber womöglich hat Ihr Formular mehr Eingabefelder als in den Barcode passen. Sie können daher für jeden Papier-Barcode eine Menge von Eingabefeldern festlegen (*Formularobjektsammlung*), die in ihm codiert werden.

Wenn Sie mehr Daten haben, als ein Papier-Barcode aufnehmen kann, dann legen Sie mehrere Formularobjektsammlungen an und nutzen Sie mehrere Papier-Barcodes (jeder mit seiner eigenen Formularobjektsammlung).

Formularobjektsammlung = Sammlungsliste

Es existieren unterschiedliche Übersetzungen des englischen Begriffs »collection«. Wir verwenden in diesem Buch »Formularobjektsammlung«.

Gehen Sie wie folgt vor, um eine Formularobjektsammlung für einen Papier-Barcode anzulegen:

1. Wählen Sie den Menüpunkt DATEI • FORMULAROBJEKTSAMMLUNGEN... (Abbildung 5.23).

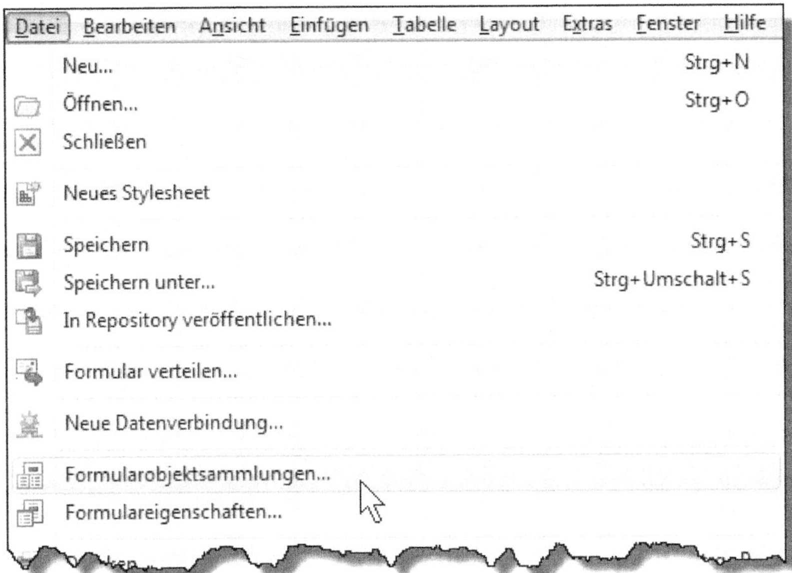

Abbildung 5.23: Formularobjektsammlung anlegen

2. Legen Sie im Fenster SAMMLUNGSLISTE mit NEU ❶ eine neue Formularobjektsammlung (hier *Values*) an (siehe Abbildung 5.24).

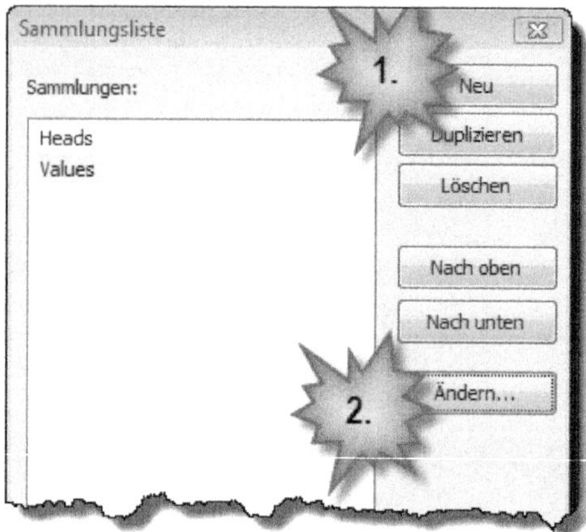

Abbildung 5.24: Neu Formularobjektsammlung anlegen

3. Klicken Sie auf ÄNDERN ❷.
4. Wählen Sie im sich öffnenden Formular (Abbildung 5.25) zuerst den SAMMLUNGSTYP ❶ *Papierformular-Barcode*.

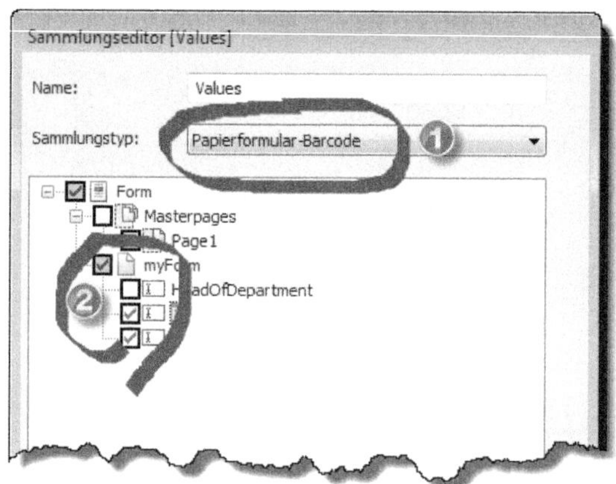

Abbildung 5.25: Felder einer Formularobjektsammlung hinzufügen

5. Klicken Sie dann die Felder an ❷, die Sie in Ihre Formularobjektsammlung übernehmen wollen (Abbildung 5.25).

6. In den Eigenschaften des Papier-Barcodes wählen Sie anschließend (Abbildung 5.26):

   - AUTOMATISCHE SKRIPTERSTELLUNG ❶,
   - die soeben angelegte Formularobjektsammlung (hier: *Values*) ❷,
   - ggf. können Sie BESCHRIFTUNG/FELDNAMEN wegklicken ❸, sofern Ihr System die Werte dann trotzdem noch auflösen kann.

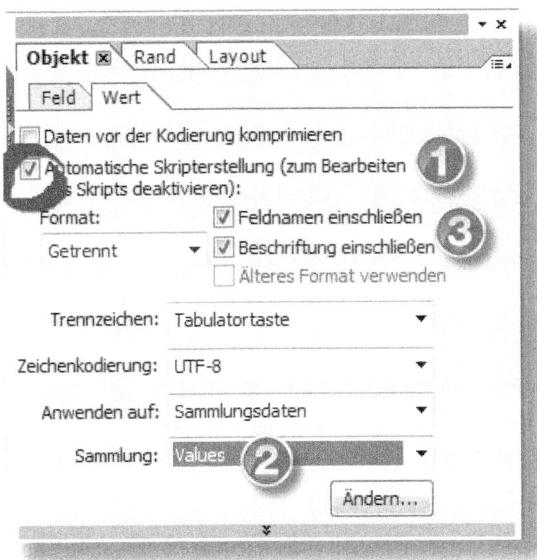

Abbildung 5.26: Objekteigenschaften eines Papier-Barcodes

5.3.5 Buttons

Schaltfläche: Dieser Button bewirkt erst einmal gar nichts. Üblicherweise programmieren Sie ein Klick-Event, das dann etwas auslöst. Im Prinzip können Sie mit etwas Programmiergeschick mit diesem Button-Typ alle anderen Button-Typen ersetzen.

E-Mail-Senden: Dieser Button sorgt dafür, dass die Daten des Formulars als XML-Datei in den Anhang einer Standard-Mail eingefügt werden. Der Formularanwender muss daraufhin in seinem Mailprogramm nur noch auf SENDEN drücken.

Rücksende-E-Mails von Endkunden

Die Erfahrung zeigt, dass die Rücksendequoten betrüblich gering sind. Nutzen Sie diesen Button nur, wenn Sie die Formularnutzer kennen und instruieren können. In einem Neukunden-Formular sollten Sie ihn nur als zusätzliche Option anbieten.

! Export von PDF-Preview-Daten

Wie in Abschnitt 2.1 erwähnt, werden die Formulareingaben intern als XML-Datei verwaltet. Beim Testen möchten Sie gelegentlich überprüfen, wie diese XML-Datei mit Ihren Testeingaben aussieht. Es ist aber gar nicht so einfach, an diese XML-Datei im Test heranzukommen.

Mit dem E-MAIL-SENDEN-Button können Sie ein PDF aus dem Preview in ein E-Mail-Attachment einfügen und anschließend mit Acrobats Formularwerkzeug die XML-Daten exportieren. Das ist vermutlich die einzige Methode, alle anderen funktionieren nicht.

OK HTTP-Senden: Daten werden an einen Webservice gesendet. Natürlich müssen Sie in den Objekteigenschaften noch die URL des Webservices angeben.

OK Drucken: Dieser Button ist eigentlich überflüssig. Denn jedes Programm, das ein PDF darstellen kann, bietet auch die Möglichkeit zum Drucken des PDFs.
Den Scripting-Code des Events an diesem Button sollten Sie nicht verändern. (Wenn Sie vor oder nach dem Drucken etwas ein- oder ausblenden möchten, müssen Sie das im PrePrint- oder PostPrint-Event machen.)

OK Zurücksetzen: Damit können Sie alle Felder Ihres Formulars löschen.

Praxistipp zu versteckten Buttons

Sie können Buttons unsichtbar auf einem Formular unterbringen und dann per Skript anklicken. So ist es möglich, die Funktionalität von Buttons auch in ganz anderen Situationen als beim Klick eines Benutzers zu nutzen.

Beispielsweise können Sie den E-Mail-Senden-Button verstecken und zum Überprüfen der Eingaben im Klick-Event eines anderen Schaltfläche-Buttons auslösen. Wenn die Prüfung keine Fehler ergibt, starten Sie automatisch den E-Mail-Versand.

5.3.6 Tabellen

Tabellen sind geschachtelte, »sich wiederholende« Teilformulare mit einigen wenigen Zusatzattributen. So können Sie z. B. die Zeilen abwechselnd unterschiedlich einfärben.

Tabellen auf statischen Druckformularen

Sie können Tabellen zwar grundsätzlich auf statischen Druckformularen unterbringen, die für die Daten aus einer Datenquelle (siehe Kapitel 3, Abschnitt »XML als Datenquelle«) zusätzliche Zeilen anlegen.

Allerdings haben Sie so den Unsicherheitsfaktor eines dynamischen Objektes auf einer statischen Seite: Die Tabelle könnte über die Seite hinauslaufen oder andere Formularobjekte überschreiben.

Klären Sie also ganz genau ab, wie viele Daten höchstens erwartet werden. Legen Sie in der Tabelle die maximale Anzahl an Zeilen fest.

Tabellen auf dynamischen Druckformularen

Legen Sie in diesem Fall das Layout der Tabelle nur einmal und mit einer einzigen Zeile an – die Tabelle wächst automatisch mit.

In der XML-Datei, die das Formular mit Daten befüllt, muss es ein wiederkehrendes XML-Element geben, welches an die Zeile im PDF-Formular gebunden werden kann (z. B. ein XML-Element `<Zeile>`). Dieses XML-Element muss dann an eine Tabellenzeile »gebunden« werden.

Dieser kurze Hinweis muss hier genügen. Das Thema »XML und Datenbindung« ist so komplex, dass es dem Anspruch eines für Anfänger verständlichen Buches nicht gerecht werden kann und zudem den Umfang sprengen würde.

5.3.7 Teilformular

Formulare bestehen meist aus sehr vielen ineinander geschachtelten *Teilformularen*. Sie können zwar einen sichtbaren Rand oder eine farbige Füllung haben – doch für gewöhnlich sieht sie der Benutzer nicht. Es sind Hilfsobjekte, damit man mehrere Formularobjekte auf einmal ansprechen kann.

Wie erzeugt man ein Teilformular?

Sie können ein Teilformular aus der Objektbibliothek in Ihr Formular ziehen und dort bearbeiten.

In der Regel erzeugen Sie Teilformulare aber im Fenster Hierarchie (Abbildung 5.27).

Gehen Sie wie folgt vor, um mehrere Formularobjekte in einem Teilformular zu gruppieren:

1. Selektieren Sie mehrere Elemente.
2. Gehen Sie mit einem Rechtsklick auf die selektierte Elementgruppe.
3. Im Kontextmenü wählen Sie Umschliessen mit Teilformular.
4. Benennen Sie jedes Teilformular entsprechend seiner Funktion.

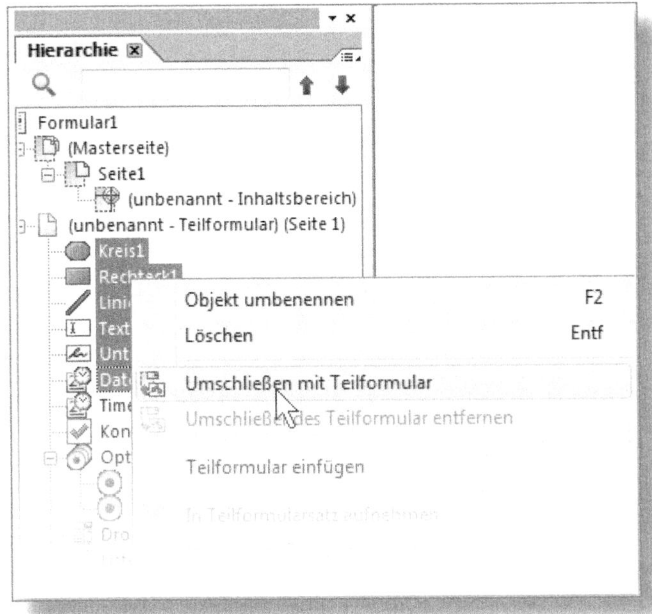

Abbildung 5.27: Teilformulare erzeugen

> **☛ Besonderheit bei mobilen Geräten**
>
> Bei HTML-Formularen für mobile Geräte (Tablet) darf die »Präsenz« eines Teilformulars, das sich über einen Seitenumbruch erstreckt, nicht auf »ausgeblendet« eingestellt sein, da das eine Fehlermeldung erzeugen würde. Per Skript können Sie es aber so machen.

Eine Formularseite ist auch »nur« ein Teilformular. Umgekehrt hat jedes Teilformular die gleichen Eigenschaften wie eine Formularseite. Beispielsweise kann jedes Teilformular den Inhaltstyp »POSITION« haben – auch wenn es sich auf einer Formularseite vom Inhaltstyp »TEXTFLUSS« befindet (vgl. Abbildung 6.23).

5.3.8 Feld im Fließtext (Floating Fields)

Die Funktion *Feld im Fließtext* gestattet es, Textfelder in ein Textobjekt nahtlos einzufügen: Der Text bricht nach Bedarf selbst um. Die Werte in den Textfeldern stammen aus einer XML-Datei.

! Druckformulare

Felder im Fliesstext sind nur für Druckformulare gedacht und nicht interaktiv. Nur mit Scripting-Tricks kann man die Werte interaktiv ändern.

Diese Funktion unter dem Menüpunkt Einfügen • Feld im Fliesstext bietet sich für mehrere Anwendungsfälle an:

- Sie haben einen normalen mehrzeiligen Fließtext. In diesen möchten Sie veränderliche Daten integrieren und trotzdem einen ordentlichen Zeilenumbruch erzielen.
  Sie könnten Ihren Text dafür in lauter Einzelstrings zerstückeln und dann auf einer Textflussseite dynamisch zusammenbauen lassen. Aber das wäre zu kompliziert.

Versicherungsbedingungen

Versicherungsbedingungen enthalten viel Fließtext. Dazwischen sind Felder eingestreut, wie etwa die »maximale Deckungssumme«. Dieses sind Textfelder. Da deren Breite vom Feldinhalt abhängt, ist nicht vorhersehbar, wie lang eine Zeile wird. In solchen Fällen können Sie »Felder im Fließtext« anstelle der Textfelder verwenden.

- Sie haben ein statisches Formular mit mehreren nebeneinander positionierten Feldern. Die Abstände zwischen ihnen sollen fest sein – die Feldlänge kann aber, je nach übernommenen Daten, variieren. Sie erhalten so linksbündig aufgereihte Felder im Flattersatz.

Adressen

Im Adressfeld eines Briefformulars befinden sich die Textfelder

```
Name

Straße Hausnummer

Postleitzahl Ort
```

Wenn die Hausnummer gleich an den Straßennamen anschließen soll, dann realisieren Sie die Straße als Feld im Fließtext. Somit ist sichergestellt, dass nach einem Leerzeichen sofort die Hausnummer folgt.

! Dynamik in statischen Bereichen

Ein wenig Vorsicht müssen Sie aber walten lassen. Die Zeilenlänge hängt nun von den Daten ab, die in das Formular fließen. Es kann dadurch passieren, dass eine Zeile über den druckbaren Bereich hinausragt oder dass das Layout in anderer Weise unerwartet hässlich ausfällt.

Sie sollten bei der Funktion FELD IN FLIESSTEXT also mehrere Konstellationen mit unterschiedlichem Datenumfang testen.

»Floating Fields«

Es kursieren mehrere Übersetzungen für die englische Bezeichnung »Floating Fields«. Neben »Feld in Fließtext« ist auch »Schwebendes Feld« gebräuchlich.

Feld in Fließtext einfügen

Gehen Sie wie folgt vor, um in einem Fließtext ein Feld einzufügen:

1. Selektieren Sie Ihr Text-Objekt mit dem Fließtext (klicken Sie zwei- oder dreimal mit der Maus darauf). Am Ende sollte der Cursor im Text an genau der Stelle stehen, an der das *Feld im Fließtext* eingefügt werden soll. In Abbildung 5.28 wäre das am äußeren linken Rand des Textes.

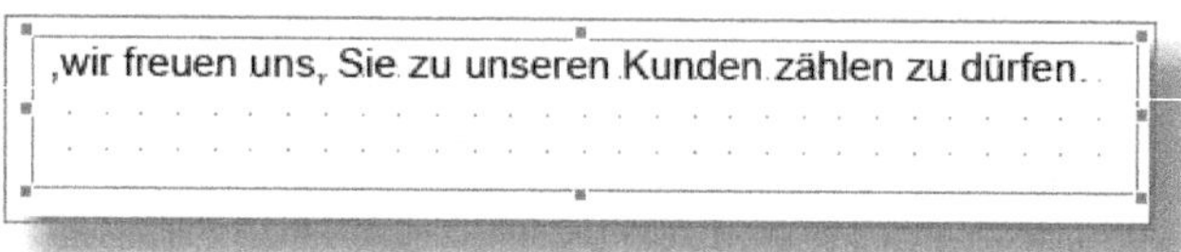

Abbildung 5.28: Einfügestelle für Feld in Fließtext festlegen

2. Sie können nun diese Stelle mit der rechten Maustaste anklicken und FELD IN FLIESSTEXT (Abbildung 5.29) wählen oder den Menüpunkt EINFÜGEN • FELD IN FLIESSTEXT anklicken (Abbildung 5.30).

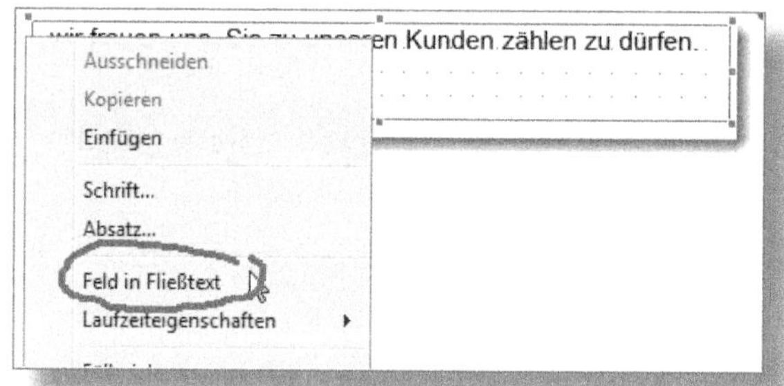

Abbildung 5.29: Feld in Fließtext einfügen (erste Alternative)

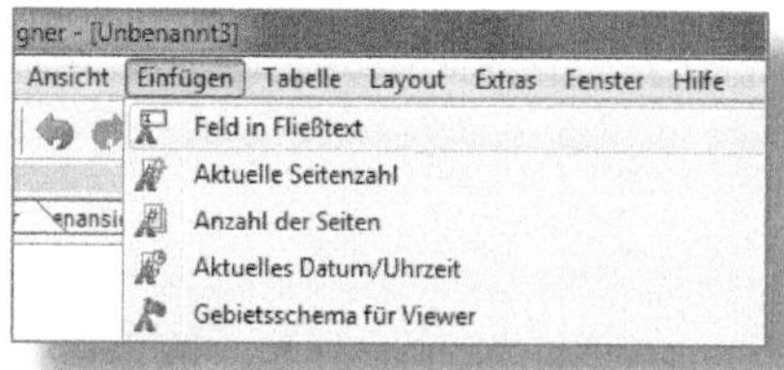

Abbildung 5.30: Feld in Fließtext einfügen (zweite Alternative)

3. In der Hierarchie sehen Sie nun das neu erzeugte Textfeld – im Beispiel hat es noch den Namen *Textfeld*, den Sie dann anpassen sollten (Abbildung 5.31).

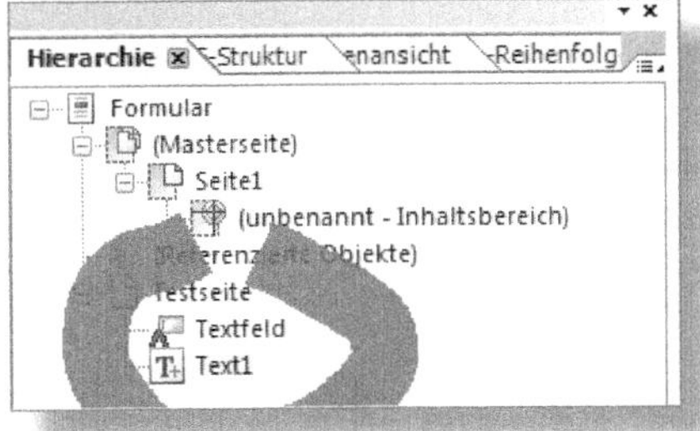

Abbildung 5.31: Feld im Fließtext in der Hierarchie

Und auch in der Zeichenfläche im Text-Objekt ist ein Platzhalter für das FELD IN FLIESSTEXT in geschweiften Klammern eingefügt worden (in Abbildung 5.32 heißt es noch »Textfeld«):

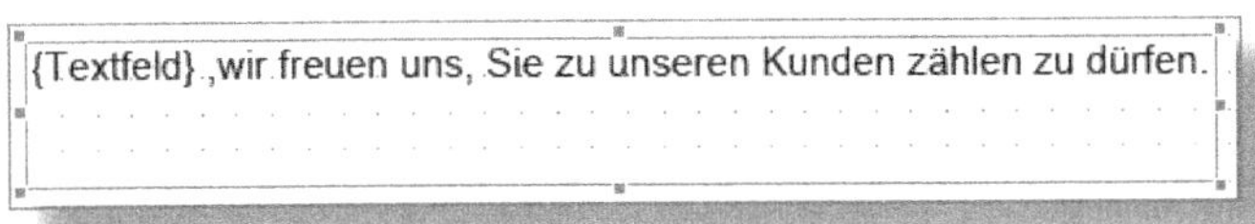

Abbildung 5.32: Feld in Fließtext eingefügt in einem Textfeld

4. Der LiveCycle Designer gibt eine Warnung aus, weil die Datenbindung noch fehlt. Fügen Sie nun eine Datenbindung ein und legen Sie ggf. weitere Eigenschaften fest.

Setzen Sie in den LAYOUT-EIGENSCHAFTEN die Breite auf *Passend erweitern* ❶ (siehe Abbildung 5.33).

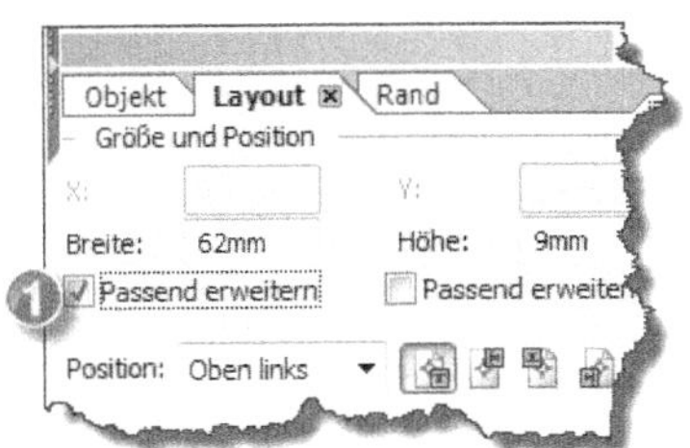

Abbildung 5.33: Breite passend erweitern

5.4 Mehrere gleichartige Objekte (einfügen)

Gelegentlich möchte man eine Tabelle aus Teilformularen aufbauen. Diese Arbeit können Sie sich erleichtern, indem Sie bestehende Formularobjekte kopieren.

Gehen Sie wie folgt vor, um Formularobjekte zu kopieren:

1. Selektieren Sie das zu kopierende Objekt.
2. Wählen Sie den Menüpunkt Bearbeiten • Mehrere kopieren (Abbildung 5.34).

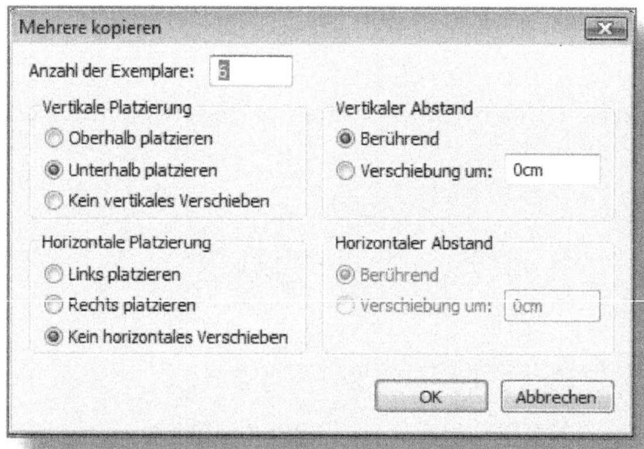

Abbildung 5.34: Formularobjekte kopieren

! In SAP verfügbar?

Prüfen Sie, ob der Menüpunkt Mehrere Kopieren in Ihrer SAP-LiveCycle-Designer-Version aktiv ist. Bei einigen Versionen war er inaktiv.

6 Ein Formular erstellen

In Kapitel 5 haben Sie die Bausteine kennengelernt, aus denen ein Formular besteht. In diesem Kapitel lernen Sie, wie man sie zu einem vollständigen Formular zusammensetzt.

In diesem Kapitel werden dazu folgende Themen behandelt.

- Abschnitt 6.1 – Ein neues XDP-Template anlegen
- Abschnitt 6.2 – Ein XDP-Template erstmalig einrichten
- Abschnitt 6.3 – Ein XDP-Template unter SAP exportieren und importieren
- Abschnitt 6.4 – Den Formular-Hintergrund auf der Masterseite gestalten
- Abschnitt 6.5 – Layout, Schriften und Gestaltung von Formularobjekten ändern
- Abschnitt 6.6 – Formularobjekte ausrichten
- Abschnitt 6.7 – Formularteile wiederverwenden

6.1 Ein neues XDP-Template anlegen

Sie haben mehrere Möglichkeiten, ein neues Formular zu beginnen:

- Sie konvertieren eine PDF-, Word- oder Excel-Datei mit dem LiveCycle Designer in ein XDP-Formular (Abschnitt 6.1.1).
- Sie beginnen mit dem Assistenten (Abschnitt 6.1.2).
- Sie öffnen ein leeres Formular mit dem Icon (Abschnitt 6.1.3).
- Sie öffnen eine Vorlage (Abschnitt 6.1.4).

! Kopieren Sie nicht die XDP-Datei eines ähnlichen Templates mit dem Windows-Explorer!

Drücken Sie im Windows-Explorer also nicht bei einem geeigneten XDP-Template auf Strg + C und Strg + V, um so ein neues Formular zu erzeugen.

Öffnen Sie besser die alte XDP-Datei im Designer, und speichern Sie sie dann unter einem neuen Namen. Nur so erhält Ihr Template eine neue UUID (interne ID). Das kann später das Caching im Reader beschleunigen.

6.1.1 Ein neues XDP-Template aus einer PDF-, Word- oder Excel-Datei erzeugen

Wenn Sie eine Worddatei, ein Excel-Spreadsheet oder eine PDF-Datei haben, die Ihrem gewünschten Formular bereits sehr ähnlich sieht, dann können Sie versuchen, diese Dateien einfach in ein XDP-Template zu konvertieren. Das geht allerdings öfter schief oder ist nicht unbedingt zu empfehlen, was die beiden folgenden Beispiele verdeutlichen:

1. Sie erhalten Hunderte von kleinen Textschnipseln. Da bräuchten Sie ewig, um die wieder zusammenzusetzen. Bauen Sie Ihr Formular dann lieber komplett von vorn auf. Sie können aber unter TEXT-OBJEKTE Textabschnitte Ihrer Vorlage per Copy & Paste einfügen.

2. Sie haben ein großes Bildobjekt in der Hierarchie und sonst nichts. Dann können Sie zwar darauf ein paar Felder verteilen und erhalten so auch ein Formular. Aber das wäre die Acrobat-Technik, die gar nicht wartungsfreundlich ist (siehe Abschnitt 2.2). Auch hier sollten Sie besser das Formular bei null beginnen.

Gehen Sie wie folgt vor, um eine PDF-, Word- oder Excel-Datei zu konvertieren:

1. Klicken Sie auf DATEI • NEU. Daraufhin erscheint der Assistent für neuen Formulare (Abbildung 6.1).

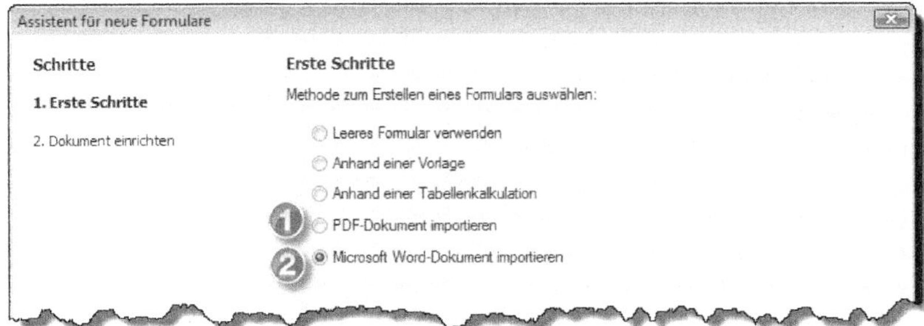

Abbildung 6.1: PDF-, Word- oder Exceldatei konvertieren

Beim Importieren eines PDFs ❶ werden Sie vor die Wahl gestellt, ob Ihr Formular fixierte Seiten oder ein flexibles Layout erhalten soll (Abbildung 6.2):

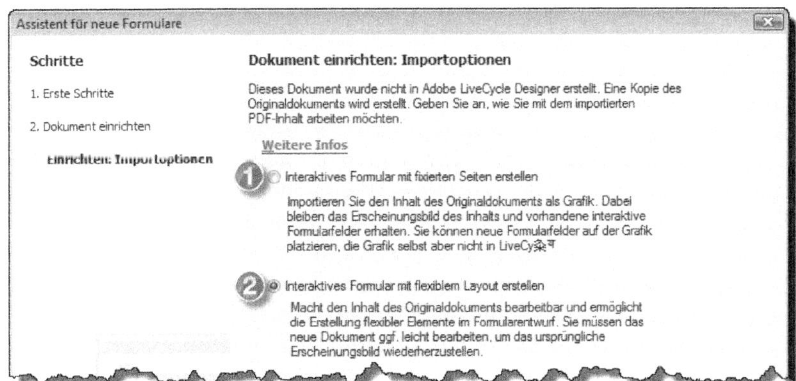

Abbildung 6.2: PDF fixiert oder flexibel

- »*Fixierte*« PDF-Seiten ❶ werden nur als komplette »Bilder« in das neue XDP-Template gehängt. Das ist selten das, was man sich vorstellt, aber zumindest ein Weg, um z. B. eine AGB zu erhalten, die man in ein anderes XDP-Template kopiert.
- »*Interaktive*« Seiten ❷ entsprechen eher dem, was wir uns unter einem XDP-Template vorstellen. Aber bei der Konvertierung eines Acrobat-PDFs in ein XFA-Template wird die interne Struktur des PDFs eins zu eins in Objekte der Formular-Hierarchie des LiveCycle Designers umgesetzt. Das führt dazu, dass die Wörter und Satzteile eines Acrobat-PDFs zu sehr vielen Einzelobjekten zerlegt werden, was selten verwendbar ist.

6.1.2 Ein neues XDP-Template mit einem Assistenten anlegen

Der LiveCycle Designer bietet zwei alternative, hilfreiche Unterstützungen bei der Erstellung neuer XDP-Templates:

A. Wenn Sie den LiveCycle Designer frisch installiert haben, erscheint ein Überblick (Abbildung 6.3), der Sie zu den entsprechenden Assistenten und Masken führt:

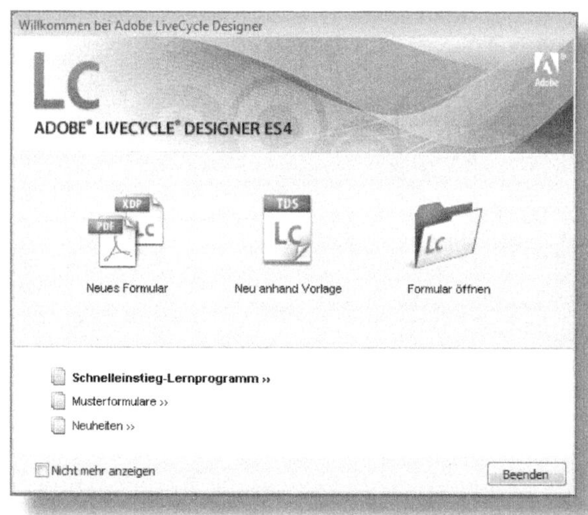

Abbildung 6.3: Assistent für XDP-Template – Alternative A

Wenn Ihnen dieser Einstieg gefällt, er bei Ihnen aber nicht erscheint, dann gehen Sie in EXTRAS • OPTIONEN und aktivieren die Funktion WILLKOMMENSBILDSCHIRM ANZEIGEN (Abbildung 6.4).

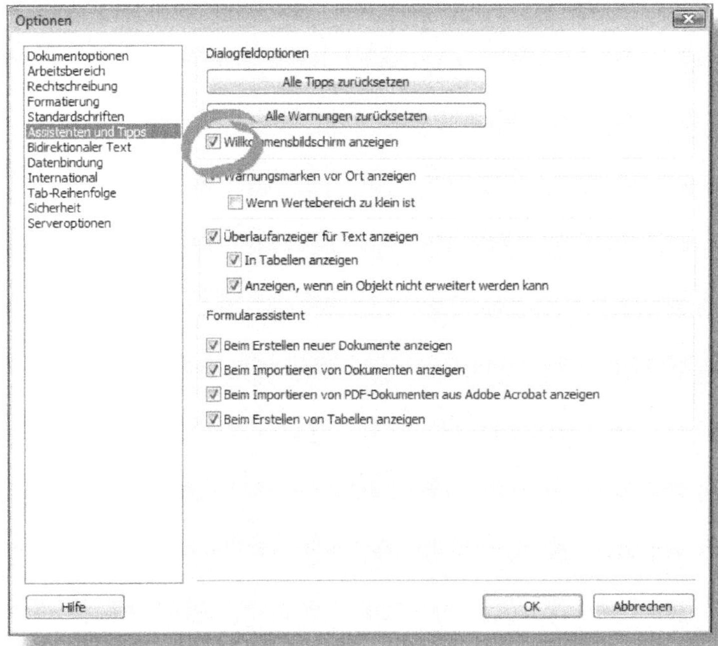

Abbildung 6.4: Willkommensbildschirm einschalten

B. Ein zweiter Assistent erscheint immer bei DATEI • NEU (Abbildung 6.5).

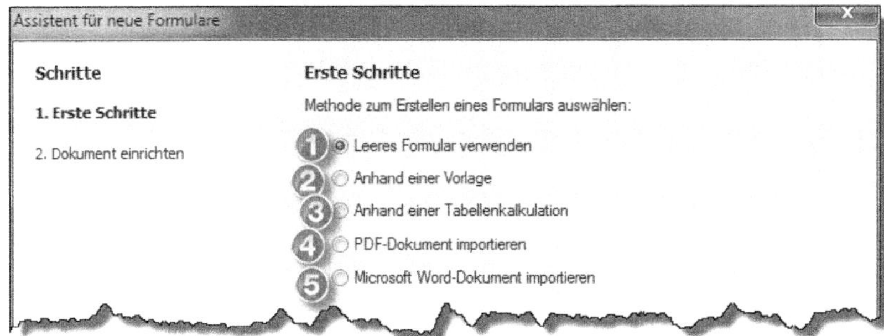

Abbildung 6.5: Assistent für XDP-Template – Alternative B

Nun haben Sie die Wahl:

- LEERES FORMULAR ❶: Sie starten ohne jeglichen Inhalt, außer der Vorgabe der Papiergröße.
- VORLAGE ❷: Sie beginnen mit einem halb fertigen Formular aus dem Vorlagen-Manager. Dort können auch Vorlagen liegen, die Sie selbst erstellt haben. So müssen Sie nicht jedes Mal den Standard-Formularkopf Ihrer Firma neu anlegen.
- TABELLENKALKULATION ❸: Sie kopieren ein Rechteck aus einem Excel-Blatt in die Zwischenablage, und der LiveCycle Designer versucht, daraus ein Formular zu erstellen.
- PDF ❹: Sie geben ein PDF-Dokument an (auch ein Acro-PDF), und der LiveCycle Designer versucht, daraus ein Formular zu erzeugen.
- MICROSOFT WORD ❺: Sie geben eine Worddatei an, und der LiveCycle Designer versucht, daraus ein Formular zu erzeugen.

Tabellenkalkulation, PDF und Word als Basis sind Glücksache.

Manchmal kommt etwas bemerkenswert Brauchbares dabei heraus. In vielen anderen Fällen verwirft man es und beginnt mit einem leeren Formular neu. Wenn Sie eine Vorlagedatei haben, lohnt sich aber auf jeden Fall der Versuch.

Nun müssen Sie das XDP-Template noch erstmalig einrichten (siehe dazu Abschnitt 6.2).

6.1.3 Ein neues XDP-Template mit Icon anlegen

Oben links befindet sich das Icon (Abbildung 6.6). Wenn Sie darauf klicken, öffnet sich ein neues, leeres XDP-Template.

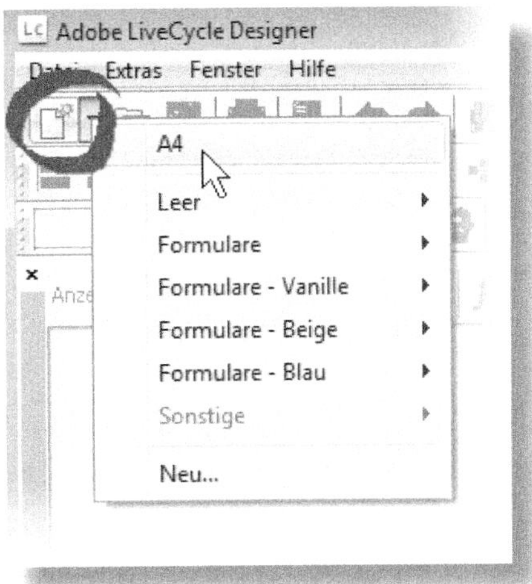

Abbildung 6.6: XDP-Template mittels Icon anlegen

Sie können auch auf den kleinen Pfeil ❶ rechts vom Icon (Abbildung 6.7) klicken und erhalten daraufhin weitere Auswahlmöglichkeiten.

Abbildung 6.7: XDP-Template über kleinen Pfeil anlegen

- Mit NEU kommen Sie in den Assistenten.
- Mit LEER können Sie andere Seitenformate als DIN A4 wählen.
- Mit FORMULARE liefert Adobe ein paar Formular-Vorlagen mit.

Probieren Sie ruhig einmal eines aus, das passen könnte. Vielleicht haben Sie Glück und können es mit geringen Umbauten verwenden. In den meisten Fällen ist der Aufwand für die Umgestaltung aber so hoch, dass man das Formular gleich von vornherein bei null beginnt.

6.1.4 Ein neues XDP-Template mit einer Vorlage anlegen

Eine (TDS-)*Vorlage* ist ein halb fertiges XDP-Template, das als Datei mit der Endung »tds« gespeichert wird.

Es entspricht quasi einem Blanko-Firmenbriefpapier. So sind beispielsweise Kopf- und Fußzeilen meist schon festgelegt. Sie können auch sehr komplexe XDP-Templates als Vorlagen ablegen, wenn Sie diese immer wieder nur leicht abgewandelt verwenden wollen. In solchen Vorlagen kann auch schon Scripting-Code bereitliegen, auf den Sie bei Bedarf zurückgreifen.

Es gibt mehrere Wege, die Vorlagen zu nutzen. Einige Vorlagen bieten Assistenten zum Vorausfüllen.

Gehen Sie wie folgt vor:

1. Über DATEI • NEU gelangen Sie in den Formularassistenten. Dort wählen Sie VORLAGE ❶ (Abbildung 6.8).

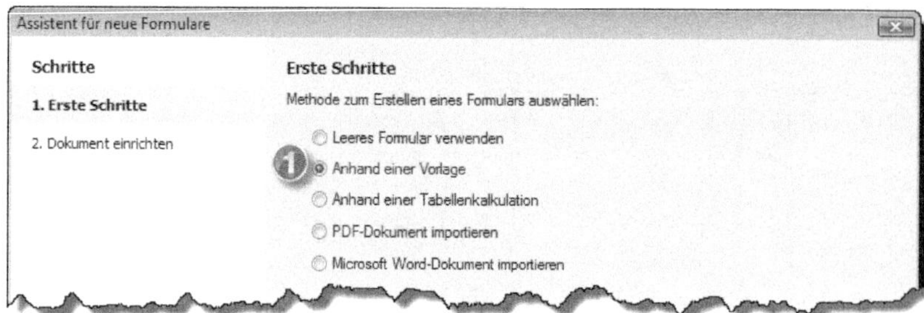

Abbildung 6.8: XDP-Template mit einer Vorlage anlegen

2. Im zweiten Schritt können Sie in diversen KATEGORIEN nach passenden (*TDS*-)VORLAGEN stöbern (Abbildung 6.9). Mit WEITER startet jeweils ein Assistent, mit dem Sie die Vorlage fertig konfigurieren.

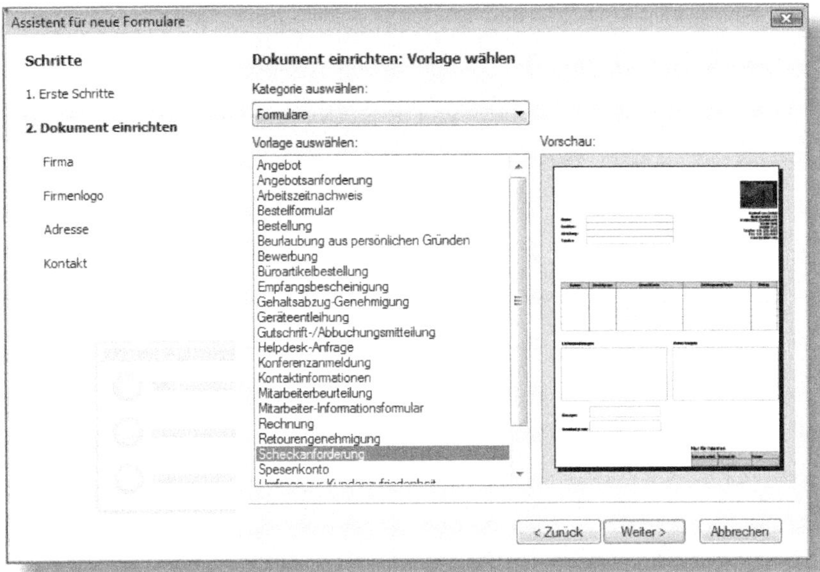

Abbildung 6.9: Vorlagenauswahl

Mit dem kleinen Pfeil rechts vom Icon (❶ in Abbildung 6.7) können Sie auch Vorlagen direkt auswählen.

Einige Vorlagen werden von Adobe mitgeliefert. Sie können aber auch eigene »TDS«-Vorlagen erstellen (siehe dazu Abschnitt 6.7.2).

> **! Keine TDS-Vorlagen unter SAP**
>
> SAP bietet dieses Feature leider nicht im LiveCycle Designer an.

6.2 Ein XDP-Template erstmalig einrichten

Nachdem Sie ein XDP-Template als Datei angelegt haben, wollen Sie es zunächst einmal einrichten, um produktiv damit arbeiten zu können. Es gibt diverse Einstellmöglichkeiten für ein konkretes XDP-Template.

In diesem Abschnitt werden wir folgende Themen behandeln:

- Abschnitt 6.2.1 – Formulareigenschaften einrichten
- Abschnitt 6.2.2 – Wie Masterseiten funktionieren
- Abschnitt 6.2.3 – Die Masterseiten einrichten
- Abschnitt 6.2.4 – Die Textseiten einrichten
- Abschnitt 6.2.5 – Formularobjekte benennen
- Abschnitt 6.2.6 – Ein XDP-Template speichern

6.2.1 Formulareigenschaften einrichten

Was Sie unter DATEI • FORMULAREIGENSCHAFTEN einstellen, gilt nur für ein konkretes XDP-Template. (In Kapitel 4 haben Sie dagegen Einstellungen vorgenommen, die für alle XDP-Templates gelten, die Sie mit dem LiveCycle Designer erstellen.)

Praxistipp zu TDS-Vorlagen

Wenn Sie später ein weiteres XDP-Template anlegen, dann müssen Sie die Formulareigenschaften dort erneut eingeben. Wenn Sie sich das sparen möchten, sollten Sie eine TDS-Vorlage und damit Ihre XDP-Templates erzeugen (siehe dazu Abschnitt 6.7.2).

! Praxistipp zu Schriften

Betten Sie Schriften in TDS-Vorlagen wirklich nur ein, wenn Sie andere als die Adobe-Reader-Schriften nutzen!

Gehen Sie wie folgt vor, um die Formulareigenschaften sinnvoll einzustellen:

1. Im Reiter INFO sollten Sie alle Optionen möglichst detailliert ausfüllen. Geben Sie Ihren Kollegen Hinweise, wer der Autor ❶ des For-

mulars war und eventuelle Fragen beantworten kann. Falls noch etwas am Formular fehlt, erläutern Sie dies in der Beschreibung ❸. Einige Formularersteller nutzen die Beschreibung für die Änderungshistorie des Formulars. Das vermeidet Versionsverwechslungen. Die BENUTZERDEFINIERTEN EIGENSCHAFTEN ❷ gestatten Ihnen, weitere von Ihnen benötigte Felder hinzuzufügen (Abbildung 6.10).

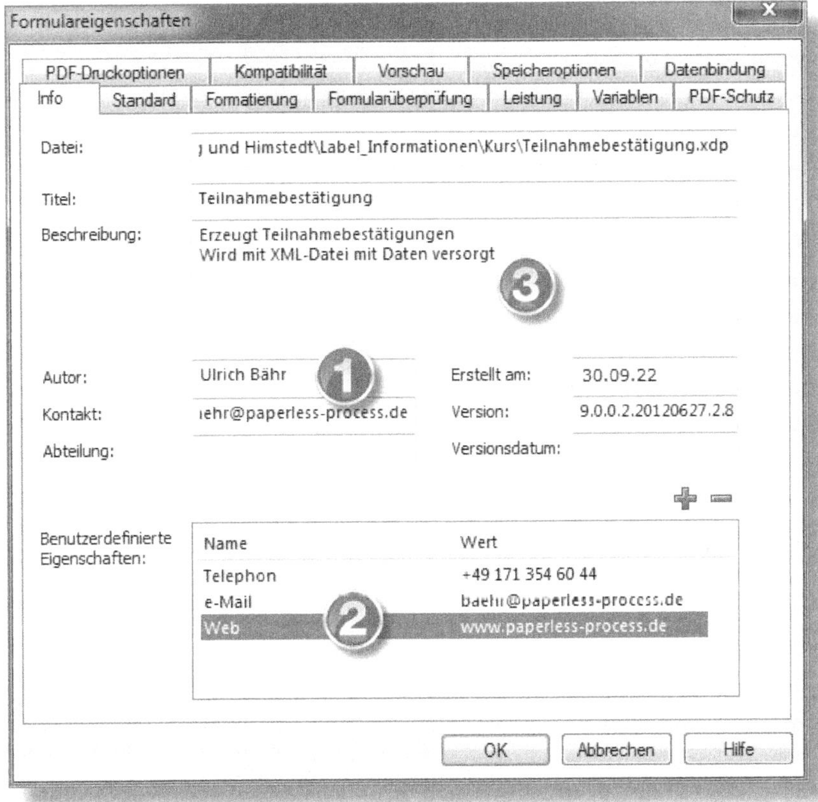

Abbildung 6.10: Formulareigenschaften – Info

2. Im Reiter STANDARD wählen Sie die PDF-Version ❶, die mit diesem XDP-Template generiert werden soll (Abbildung 6.11).

> **☛ Nehmen Sie nicht generell die aktuellste Version**
>
> Klären Sie ab, welche Version des Adobe Readers Ihre Formularanwender mindestens verwenden. Falls Ihr Formular für unbekannte Anwender auf einer Webseite bereitgestellt wird, gehen Sie eine Hauptversion zurück. (Die Administratoren in großen Firmen geben neue Adobe Reader-Versionen oft erst nach einer langen Testphase frei. Ihre Kollegen nutzen daher deutlich ältere Versionen als die aktuelle.)

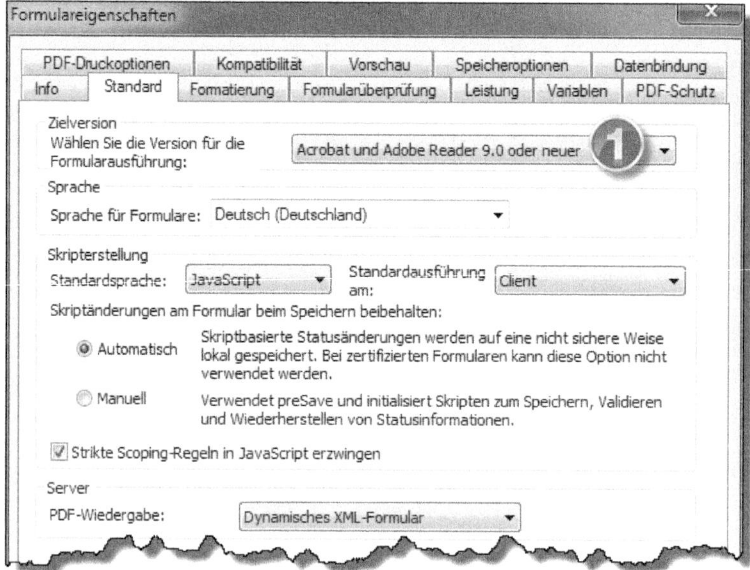

Abbildung 6.11: Formulareigenschaften – Standard

3. Im Reiter VARIABLEN legen Sie alle Variablen an ❶, die die von Ihnen genutzten Skripte verlangen (Abbildung 6.12). Ein Skript kann in einer Variablen z. B. festhalten, ob sich das Formular gerade im Modus »mit angezeigtem Hilfetext« oder »ohne Hilfetexte« befindet.

Praxistipp zu Variablen

Einige wenige Skripte funktionieren nur, wenn bestimmte Variablen eingerichtet wurden. Welche das sind, teilt Ihnen Ihr Skriptlieferant mit. Achten Sie auf Groß- und Kleinschreibung! Sie müssen immer einen Initialwert angeben; auch der wird teilweise von den Skripten vorgeschrieben.

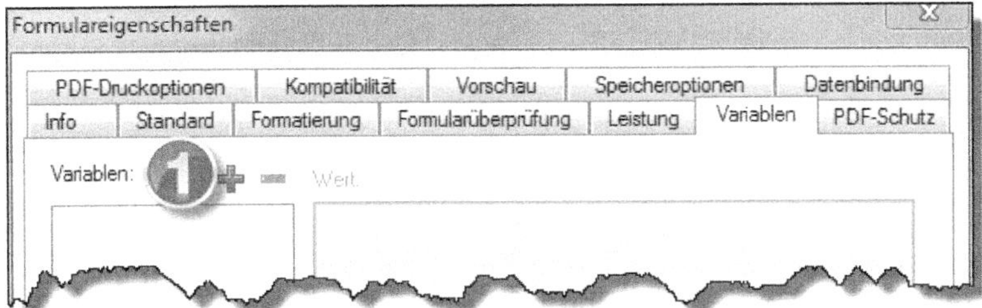

Abbildung 6.12: Formulareigenschaften – Variablen

4. Der Reiter VORSCHAU ist bedeutsam zum Testen Ihres Formulars (Abbildung 6.13):

   - Entscheiden Sie, ob Sie ein Druckformular oder ein *interaktives PDF-Formular* während des Vorschau-Tests generieren möchten ❶.
   - Testen Sie immer exakt die Variante, die Sie später an die Anwender geben!
   - Legen Sie hier auch fest, ob Sie ein *dynamisches* oder ein *statisches* PDF testen möchten ❷! Wenn ein Formularteil nicht wie gewünscht weggeklickt werden kann oder eine Tabelle nicht mit allen Daten einer XML-Datei gefüllt wird, liegt es meist daran, dass in der Vorschau ein statisches PDF ausgewählt wurde. Falls in Ihr Formular Daten aus einer XML-Datei fließen sollen, dann geben Sie diese XML-Datei hier ❸ an!

! Praxistipp zu XML-Dateien

Setzen Sie zum Testen nicht dieselbe XML-Datei ein, die Sie für die Datenverbindung verwendet haben, sonst bekommen Sie jedes Mal eine Meldung, wenn Sie diese XML-Datei ❷ ändern. Falls Sie keine geeignete XML-Datei zur Hand haben, können Sie an dieser Stelle mit VORSCHAUDATEN GENERIEREN ❹ auch zufällige Testdaten generieren lassen – aber erst, wenn alle Felder auf dem Formular eingefügt sind!

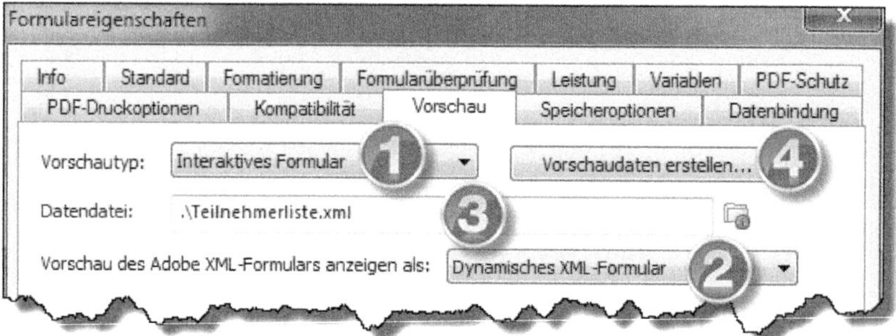

Abbildung 6.13: Formulareigenschaften – Vorschau

6.2.2 Wie Masterseiten funktionieren

Sie haben für Ihr Formular

- Masterseiten (mit Inhaltsbereichen) und
- Textseiten.

Bei einem dynamischen Formular mit TEXTFLUSS-Inhalt können Daten aus einer XML-Datei hineinfließen und so z. B. eine Tabelle um weitere Zeilen verlängern. Das ganze Formular wächst auf diese Weise in die Länge. Natürlich muss es dann immer wieder Seitenumbrüche geben, da ein XFA-PDF letztlich als Folge druckbarer Seiten organisiert ist. Die Masterseiten regeln dieses Verhalten.

Es geht also um das Problem: Wie bekomme ich eine sehr lange Textseite auf vergleichsweise kleine DIN-A4-Druckblätter?

Veranschaulichung mit Papierrollen und Stempel

Der eigentliche Inhalt Ihres Formulars kommt auf die Textseiten. (Ein XDP-Template kann aus mehreren Textseiten bestehen.) Stellen Sie sich jede dieser Textseiten als beliebig lange, bedruckte Papierrollen vor. Jede Text-»Seite« kann also viel länger als eine DIN-A4-Seite sein.

- Der FormServer baut aus XDP-Templates und XML-Daten die Textseiten des Formulars zusammen. Diese Textseiten werden dann der Reihe nach gedruckt: erst die erste, dann die zweite usw. Natürlich sind die einzelnen langen Textseiten-Papierrollen viel zu lang für ein DIN-A4-Druckblatt.
- Jetzt kommen die Masterseiten ins Spiel: Sie entscheiden, wo die Papierrollen zerschnitten werden:
  Für jede Textseite (= Papierrolle) legen Sie als Formularentwickler fest: Welche Masterseite kommt in welcher Reihenfolge zum Einsatz?
  Stellen Sie sich jede Masterseite als einen Stempel vor, mit dem auf die DIN-A4-Druckblätter gestempelt wird. Dieser stempelt immer ein oder mehrere Rechtecke auf die DIN-A4-Druckblätter, in die später die Schnipsel der Papierrollen geklebt werden. Diese Rechtecke heißen *Inhaltsbereich*.
- Der Formserver nimmt den ersten von Ihnen festgelegten Masterseitenstempel und stempelt auf das erste DIN-A4-Druckblatt oben einen Inhaltsbereich. Von der ersten Papierrolle schneidet er jetzt ein Stück ab, das genau in das erste gestempelte Rechteck passt. Wenn es noch weitere Rechtecke (Inhaltsbereiche) auf dem Formularstempel gibt, schneidet der Formserver weitere Stücke von der Papierrolle ab und klebt sie in die weiteren Rechtecke.
- Wenn auf dem DIN-A4-Druckblatt noch Platz für den nächsten festgelegten Formularstempel ist, stempelt der Formserver den

gleich auch noch darauf. Wieder schneidet er Text von der Rolle ab und klebt sie auf.

- Der Formserver nimmt das nächste DIN-A4-Druckblatt, wählt nach Anweisung den nächsten Masterseitenstempel, stempelt, schneidet von der Papierrolle passende Stücke ab, klebt sie auf und so weiter, und so weiter. Das geht so lange, bis die Papierrolle komplett aufgebraucht ist.
- Dann kommt die nächste Papierrolle dran (also die nächste Textseite). Der Formserver nimmt jetzt auf jeden Fall ein neues Druckblatt (auch wenn auf dem letzten Druckblatt noch sehr viel Platz ist), und es geht wieder von vorn los. Jede Textseite eines XFA-PDFs beginnt also zuverlässig immer oben auf einem Druckblatt; Textseiten werden nie hintereinandergestückelt.

6.2.3 Masterseiten einrichten

Wählen Sie in der HIERARCHIE unterhalb von *(Masterseite)* die erste Masterseite. Sie heißt anfangs meist *Seite1* (Abbildung 6.14).

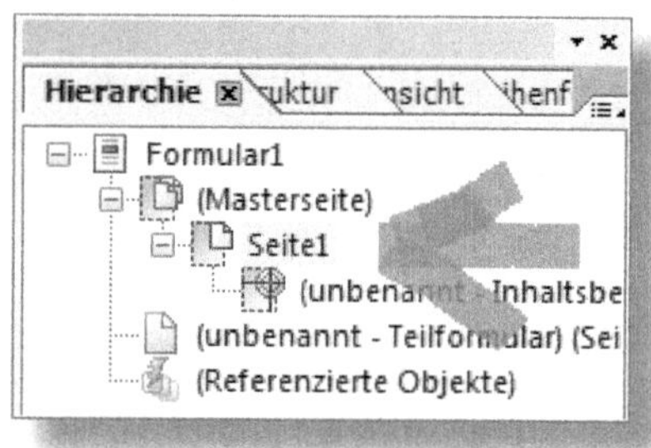

Abbildung 6.14: Masterseite

Papiergröße

Öffnen Sie die Palette mit den Objekteigenschaften, und stellen Sie hier die Papiergröße ein. Mit PAPIERART ❶ meint Adobe das Papierformat oder die Papiergröße. Sie können auch (ganz unten in der Liste) EIGENE wählen. Dann dürfen Sie Höhe und Breite ❷ des Papiers selbst einstellen. Das ist z. B. beim Etikettendruck wichtig. Hoch- oder Querformat ❸ sollten Sie außerdem festlegen (Abbildung 6.15).

Die übrigen Einstellungen sind erst einmal unwichtig.

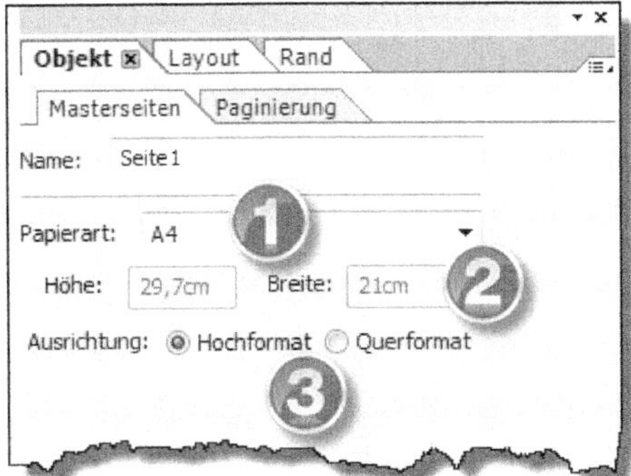

Abbildung 6.15: Papiergröße der Masterseite festlegen

Muss es die Papiergröße DIN A4 sein?

Beim Wort »Formular« denkt man meist an klassische DIN-A4-Blätter. Aber die Größe eines Formulars kann durchaus auch nur 2 mal 3 cm betragen. Das kommt sehr häufig bei Etiketten (engl.: labels) vor. Mit den LiveCycle-Formularen können Sie für jedes produzierte Objekt ein Etikett mit der Seriennummer und den Kennzahlen erzeugen. Gedruckt werden solche Etiketten meist mit speziellen Label-Druckern (z. B. von der Firma Zebra).

Inhaltsbereich festlegen

Insbesondere bei dynamischen Formularen müssen Sie einen Inhaltsbereich festlegen. Wählen Sie das Objekt ❶ unterhalb der ersten Masterseite: Dies entspricht einem Inhaltsbereich, der anfangs meist *(unbenannt – Inhaltsbereich)* heißt. Geben Sie ihm einen sprechenden Namen über die F2-Taste (Abbildung 6.16).

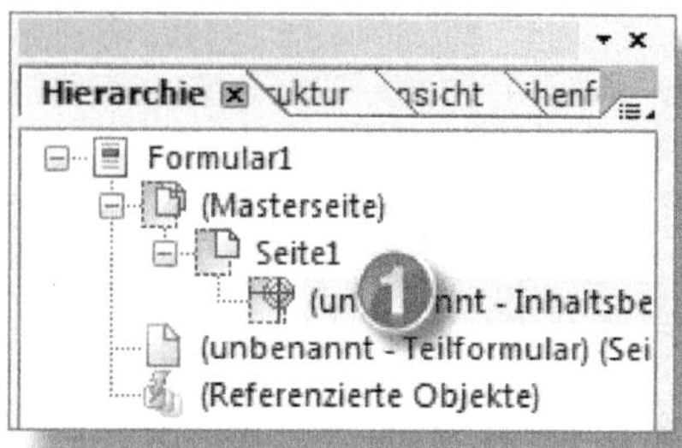

Abbildung 6.16: Inhaltsbereich

Öffnen Sie die LAYOUT-PALETTE (sie ist immer im selben Fenster wie die Objekteigenschaften-Palette). Dort können Sie Höhe, Breite und Koordinaten des Inhaltsbereichs festlegen (Abbildung 6.17). In diesen wird später die Textseite des Formulars gefüllt.

> **☛ Praxistipp Layout Inhaltsbereich**
>
> Sollten die Breite oder Höhe ungewollt krumme Werte zeigen, die in den Layout-Eigenschaften immer wieder auftauchen, dann müssen Sie diese Werte in der XML-Ansicht korrigieren. Vermutlich macht der LiveCycle Designer Rundungsfehler, die zu eigenartigen Effekten führen können.

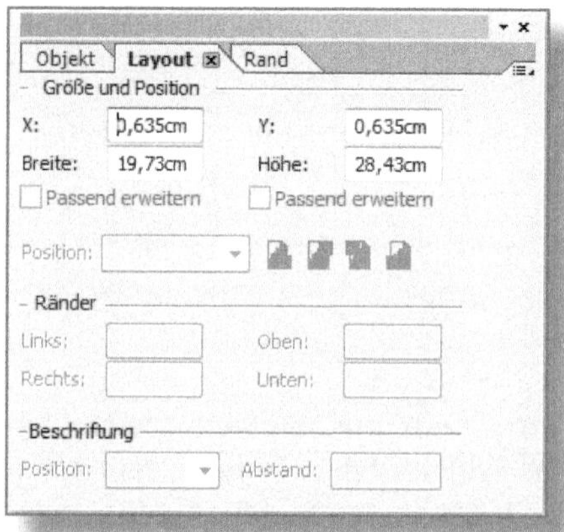

Abbildung 6.17: Layout des Inhaltsbereichs

Duplex-Druck parametergesteuert möglich?

Eine der regelmäßig gestellten Fragen in den verschiedenen Foren lautet: Wie kann ich dem Formular als Parameter mitgeben, dass es duplex (also doppelseitig) oder simplex (also einseitig) erzeugt werden soll?

Das Problem ist, dass im Simplexdruck ggf. eine leere letzte Seite erzeugt wird. Der Formularserver weiß aber erst, ob die Gesamtzahl der Seiten gerade oder ungerade ist, wenn er mit dem Seitenumbruch fertig ist. Und ab diesem Zeitpunkt können wir Einzelseiten nicht mehr entfernen.

Die Antwort auf die Eingangsfrage lautet daher: Das geht nicht. Sie müssen sich von vornherein festlegen, ob das Formular duplex oder simplex ist. Oder Sie leben damit, dass am Ende gelegentlich leere Seiten gedruckt werden.

Erste Seite, gerade/ungerade Seiten, letzte Seite

Wenn Sie sich für Duplex-Druck entschieden haben, können Sie gezielt Ihre Masterseiten einrichten: Eine für die erste Seite (z. B. mit dem Firmenlogo), je eine Masterseite für die geraden und die ungeraden Folgeseiten (damit sich z. B. die Seitenzahl immer am äußeren Rand befindet) und eine für die letzte Seite.

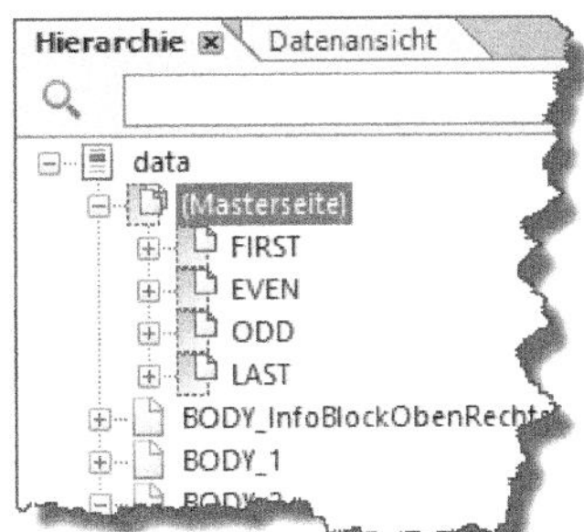

Abbildung 6.18: Vier Masterseiten – für die erste Seite (»FIRST«), die geraden Seiten (»EVEN«), die ungeraden Seiten (»ODD«) und die letzte Seite (»LAST«)

Nachdem Sie die Masterseite für die erste Seite angelegt haben, gehen Sie in die Objekteigenschaften der Masterseiten und dort auf den Reiter PAGINIERUNG. Setzen Sie dort

❶ PLATZIERUNG: *Erste Seite (im Seitenstapel)* und

❷ UNGERADE/GERADE: *Keine Beschränkung für ungerade/gerade Seiten.*

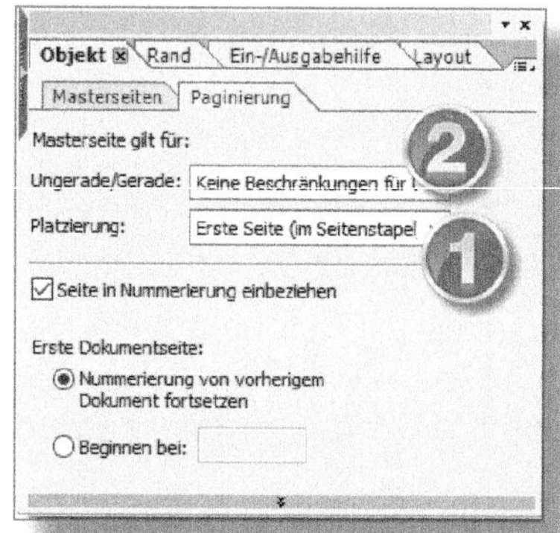

Abbildung 6.19: Objekteigenschaften der Masterseite für die erste Seite

Auch bei der Masterseite für gerade Seiten gehen Sie in die Objekteigenschaften und setzen dort:

❶ PLATZIERUNG: *Übrige Seiten,*

❷ UNGERADE/GERADE: *Gerade (Rück-)Seiten.*

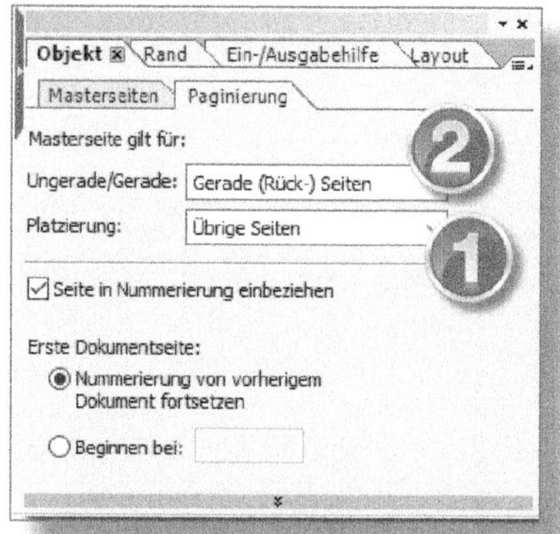

Abbildung 6.20: Objekteigenschaften der Masterseite für die geraden Seiten

Bei der Masterseite für ungerade Seiten setzen Sie in den Objekteigenschaften:

❶ PLATZIERUNG: *Übrige Seiten* und

❷ UNGERADE/GERADE: *Ungerade (Vorder-)Seiten.*

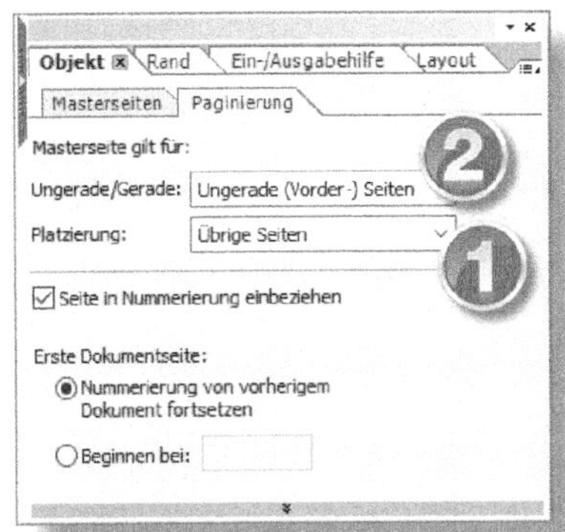

Abbildung 6.21: Objekteigenschaften der Masterseite für die ungeraden Seiten

Bei Bedarf können Sie noch die Masterseite für die letzte Seite einrichten:

❶ PLATZIERUNG: *Letzte Seite (im Seiten-Set)*

❷ UNGERADE/GERADE: *Keine Beschränkung für ungerade/gerade Seiten*

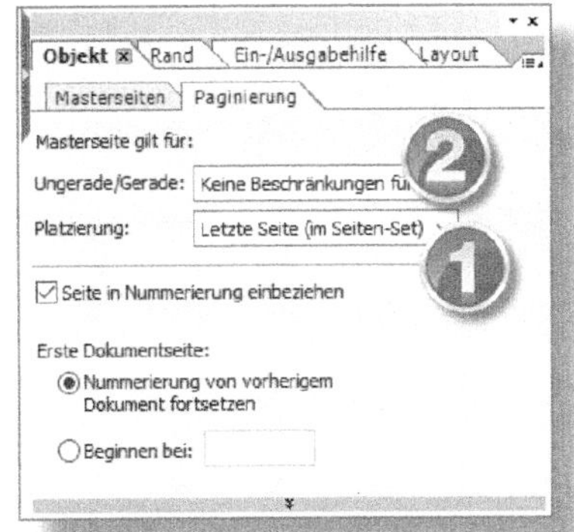

Abbildung 6.22: Objekteigenschaften der Masterseite für die letzte Seite

6.2.4 Die Textseiten einrichten

Jede Textseite wird im Inhaltsbereich einer Masterseite dargestellt. Sie muss in diesen Inhaltsbereich passen. Stellen Sie also sicher, dass die Breite der Textseite kleiner oder gleich der Breite des zugehörigen Inhaltsbereichs der Masterseite ist! Anderenfalls wird evtl. eine unnötige Leerseite im PDF eingefügt.

Wenn die Textseite vom Inhaltstyp *Position* ist, darf ihre Länge nicht größer als der zugehörige Inhaltsbereich sein. Beim Inhaltstyp *Textfluss* ist die Länge der Seite egal (Abbildung 6.23).

☛ Praxistipp: Mit Inhaltstyp »Textfluß« beginnen

Der Inhaltstyp »Textfluß« zwingt Sie zu einer sauberen Vorgehensweise. So müssen Sie Textblöcke in der richtigen Reihenfolge in der Objekthierarchie anlegen, und Überlappungen von Textblöcken sind nicht möglich. Bei Bedarf können Sie am Schluss auf den Inhaltstyp »Position« umstellen.

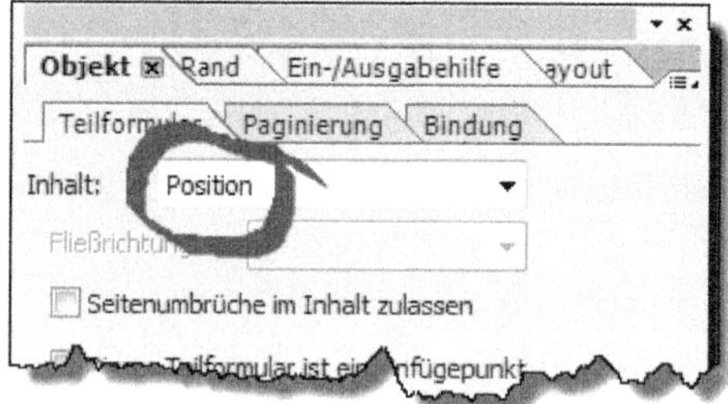

Abbildung 6.23: Objekteigenschaften einer Formularseite

6.2.5 Formularobjekte benennen

Sie sollten allen Objekten in der Hierarchie immer sinnvolle Namen geben. Fangen Sie gleich mit dem Grundgerüst des neuen Formulars an. Finden Sie eigene passende Namen. Überlegen Sie sich eine Systematik, die für alle Ihre Formulare passt (Abbildung 6.24).

Praxistipp: Schaffen Sie eine Benennungssystematik

Einige Beispiele für eine logische, gut nachvollziehbare Systematik:

- Feldnamen mit XML-Bindung heißen immer wie in der XML-Datei.
- Eigene Felder werden in Großbuchstaben geschrieben (LASTNAME).
- Textblöcke direkt unter der Formularseite beginnen immer mit »block«.
- Statt mit einem Unterstrich beginnt der nächste Wortteil mit einem Großbuchstaben (»CamelBackNotation«).
- Teilformulare beginnen mit einem Kleinbuchstaben,
- Felder mit einem Großbuchstaben.

Schreiben Sie diese Benennungssystematik auf, und machen Sie sie für alle Kollegen verbindlich!

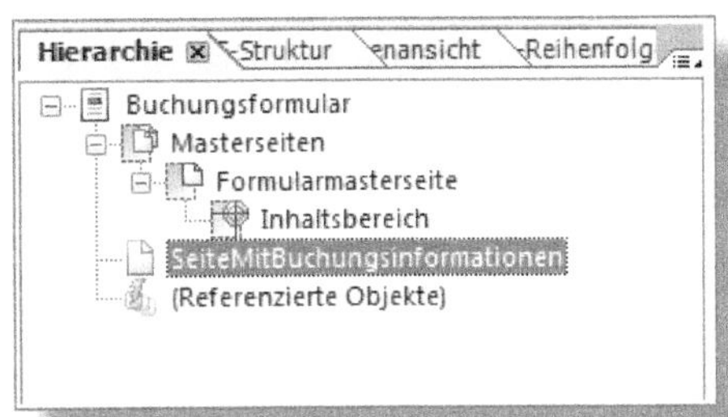

Abbildung 6.24: Namensbeispiel für ein Formularobjekt

Mit F2 können Sie die Objektnamen bequem editieren.

Vermeiden Sie bei der Objektbenennung:

- Umlaute und »ß«, also scharfes s (das würde das Scripting erschweren),
- einen Unterstrich am Namensanfang (der ist für den »Instance-Manager« reserviert).

6.2.6 Ein XDP-Template speichern

Wählen Sie im Menü DATEI • SPEICHERN UNTER...

Achten Sie darauf, dass Sie Ihr XDP-Template als XDP-Datei abspeichern (Abbildung 6.25).

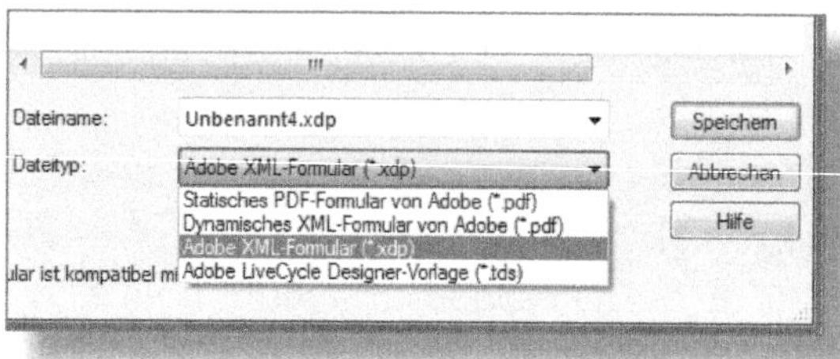

*Abbildung 6.25: Abspeichern als *.xdp*

6.3 Ein XDP-Template aus SAP exportieren und importieren

Der LiveCycle Designer von SAP bietet weniger Funktionen an als der LiveCycle Designer, den Sie von Adobe beziehen können. Vielleicht ...

- möchten Sie Ihr Template mit dem original LiveCycle Designer von Adobe bearbeiten,
- oder Sie möchten eine längere Bahnfahrt während einer Dienstreise nutzen, um an Ihrem Formular weiterzuarbeiten,
- oder Sie haben einen externen LiveCycle-Dienstleister, der aber keinen Zugriff auf Ihr SAP hat?

Dann müssen Sie XDP-Templates aus SAP exportieren und wieder importieren können.

Sie haben dazu die beiden folgenden Möglichkeiten:

1. über einen Trace (incl. Testdaten) exportieren,

2. über »Layout« hoch- bzw. herunterladen (ab SAP ERP 6.05).

! Formular-Kontext nach dem Herunterladen nicht mehr ändern

Wenn Sie nach dem Herunterladen im SAP den KONTEXT des Formulars ändern, stimmt Ihre exportierte XFD-Testdatendatei nicht mehr.

Also: Nehmen Sie keine Kontext-Änderung vor, solange Sie offline am Layout/XDP-Template arbeiten. Zum Ändern des Kontextes erst das XDP-Template wieder hochladen, Kontext in SAP ändern und dann das XDP-Template wieder herunterladen.

! Nur SFP-Reader für den Preview

Arbeiten Sie im SAP-Umfeld nur mit dem SFP-Reader als Preview-Werkzeug. Alle anderen Produkte, wie z. B. der XChange-Viewer, liefern immer wieder falsche Ergebnisse!

6.3.1 Exportieren über Trace

Gehen Sie wie folgt vor, um ein XDP-Template aus SAP zu exportieren:

1. Setzen Sie in der Transaktion SFP den Trace-Level auf Stufe 4. Gehen Sie dazu über das SAP-Menü: HILFSMITTEL • EINSTELLUNGEN • LAUFZEITINFORMATIONEN • AUSFÜHRLICHKEIT • SEHR AUSFÜHRLICHER TRACE.

2. Starten Sie das Druckprogramm aus der Transaktion *SE80* mit einem aktiven (!) Formular.

3. Klicken Sie auf die Heftklammer (Abbildung 6.28 ❶) im Acrobat-Reader.

4. Speichern Sie das XDP-Template (Abbildung 6.28 ❷) mit SAVE ATTACHMENT.

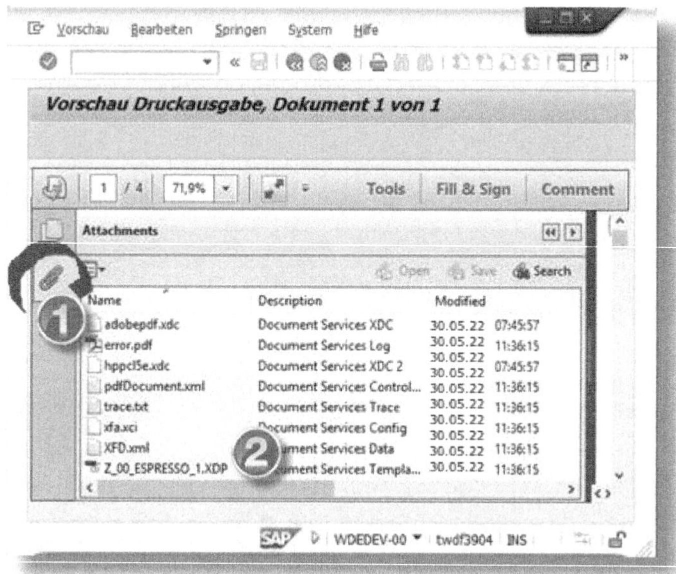

Abbildung 6.26: Attachments eines PDFs im Acrobat-Reader

Im Stand-Alone LiveCycle Designer können Sie die XFD-Testdatendatei dann unter FORMULAREIGENSCHAFTEN • VORSCHAU • DATENDATEI als »Testdatei« festlegen.

6.3.2 Importieren

Das mit Trace exportierte XDP-Template können Sie im externen Live-Cycle Designer bearbeiten, als PDF speichern und über EXTRAS • IMPORTIEREN wieder in SAP hochladen.

6.3.3 Ex-/Importieren über »Layout hochladen« und »Layout herunterladen«

Mindestens SAP-ERP-Version 6.05

Diese Möglichkeit verlangt einen Release- und Patchstand von mind. 6.05.

! SAP rät von Offline-Bearbeitung ab

SAP rät davon ab, XDP-Templates offline zu bearbeiten, da dadurch Probleme entstehen können.

Insbesondere dürfen Sie nichts am Kontext ändern, solange Sie das XDP-Template heruntergeladen haben. Aber wenn Sie (und Ihre Kollegen) sich konsequent daran halten, ist das durchaus ein praktikabler Weg.

Gehen Sie wie folgt vor, um ein XDP-Template in SAP zu importieren:

Wählen Sie HILFSMITTEL • HOCH-/HERUNTERLADEN • LAYOUT HOCHLADEN...

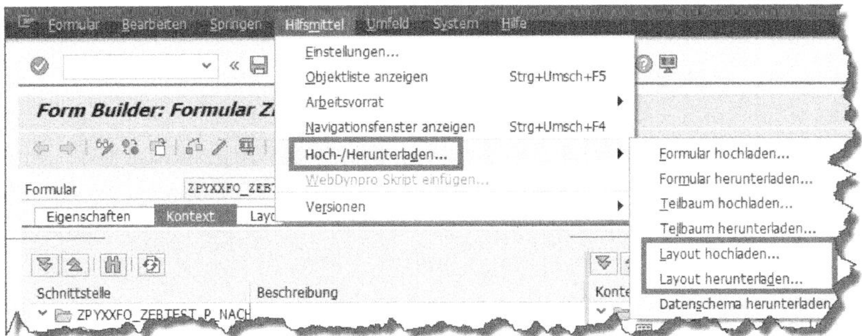

Abbildung 6.27: XDP-Template über »Layout hochladen« in SAP importieren

6.4 Den Formular-Hintergrund auf der Masterseite gestalten

Die Masterseite ist v. a. bei dynamischen Formularen bedeutsam. Wenn eine Formularseite wächst und am Ende vier Papierblätter belegt, bleibt der Inhalt des Formulars stets in den Grenzen des Inhaltsbereichs auf einer Masterseite. Immer wenn eine Papierseite voll ist, fügen der Adobe Reader oder Acrobat automatisch einen Seitenumbruch ein und beginnen eine neue Papierseite.

Eine Masterseite stellt generell den Hintergrund für jede Papierseite bereit und verfügt in der Regel über folgende Seitenbestandteile:

- Kopfzeile,
- Wasserzeichen (Bild/Text im Papier-Hintergrund zur Kennzeichnung oder als Sicherheitsmerkmal. Beispiele: »Entwurf!« oder »Copyright by Fa. Huber«),
- Fußzeile (z. B. auch mit Seitenzahlen),
- Lochrand mit hochkant geschriebenen Formularnummern etc. Am Lochrand werden solche internen Identifikatoren oft als Barcode gedruckt. So tut sich die Scan-Software leichter, und der Formularausfüller wird nicht verwirrt.

Layout

Ein Wasserzeichen soll absichtlich hinter den übrigen Formularobjekten liegen und von diesen teilweise verdeckt werden.

Die übrigen Bestandteile der Masterseite sollten aber nicht von anderen Formularobjekten überdeckt werden. Daher werden sie gewöhnlich außerhalb des Inhaltsbereichs angesiedelt. Der Inhaltsbereich erscheint auf einer Masterseite somit meist als weiße Fläche.

Inhalt

Im Folgenden stellen wir Ihnen einige Tricks vor, mit denen man Masterseiten zusätzlich gestalten kann:

- Abschnitt 6.4.1 – Eine Kopfzeile mit einem Firmenlogo auf einer Masterseite anlegen
- Abschnitt 6.4.2 – Ein Brief mit Firmen-Logo auf der ersten Seite
- Abschnitt 6.4.3 – Eine AGB-Seite am Ende
- Abschnitt 6.4.4 – Vorder- und Rückseite unterschiedlich gestalten

6.4.1 Eine Kopfzeile mit Firmenlogo auf einer Masterseite anlegen

Gehen Sie wie folgt vor, um eine Kopfzeile mit einem Firmenlogo auf einer Masterseite einzufügen:

1. Klicken Sie in der HIERARCHIE-Palette auf den INHALTSBEREICH gleich unterhalb der Masterseite (Abbildung 6.28). Wenn Sie Ihren Inhaltsbereich noch nicht umbenannt haben, heißt er vermutlich noch *(unbenannt – Inhaltsbereich)*.

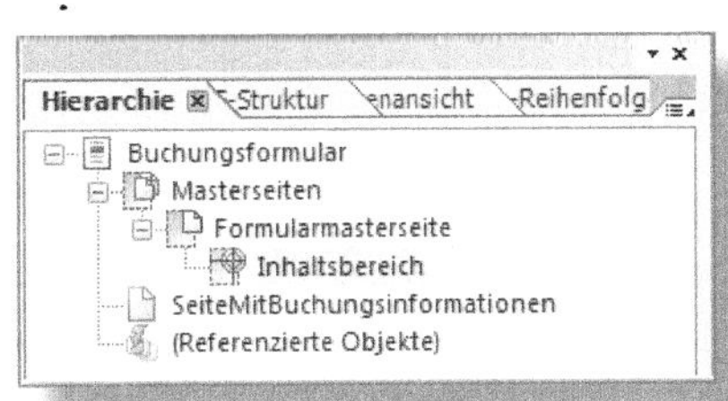

Abbildung 6.28: Ein Inhaltsbereich in der Objekthierarchie

2. Wechseln Sie in die LAYOUT-Palette, und verkleinern Sie den Inhaltsbereich auf die gewünschte Größe (Abbildung 6.29).

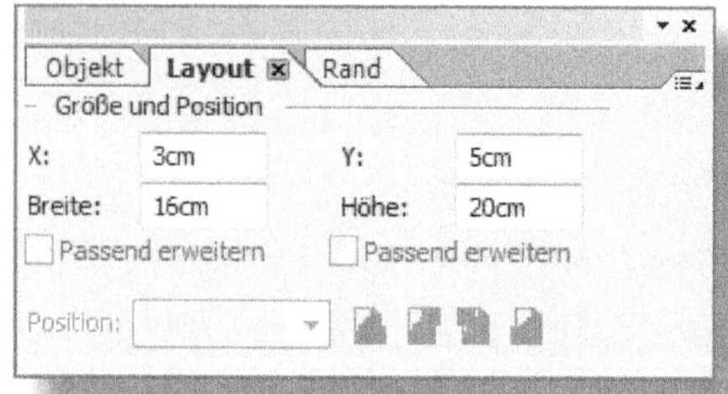

Abbildung 6.29: Größe und Position eines Inhaltsbereichs festlegen

Sie können das auch auf der Zeichenfläche mit der Maus erledigen, aber dann erhalten Sie womöglich recht krumme Maße.

Nicht bedruckbare Ränder für Drucker beachten

Achten Sie darauf, dass der Inhaltsbereich erst ein paar Zentimeter unterhalb des oberen Seitenrandes beginnt!

3. Wechseln Sie zur OBJEKTBIBLIOTHEK-Palette, und ziehen Sie ein BILD-OBJEKT (Achtung: kein BILDFELD-OBJEKT!) in die obere rechte Ecke Ihrer Masterseite. Das Bild-Objekt sollte nun nicht mit Ihrem verkleinerten und verschobenen Inhaltsbereich kollidieren. Kontrollieren Sie noch einmal, ob Sie wirklich noch im MASTERSEITENbereich arbeiten (Abbildung 6.30)!

Abbildung 6.30: Bild-Objekt oben rechts auf der Masterseite

4. Klicken Sie direkt auf das in Ihrem Zeichenbereich eingefügte Bild, um es zu selektieren. Wechseln Sie in die OBJEKTEIGENSCHAFTEN-Palette.

Als URL ❶ geben Sie Pfad und Dateiname der Firmenlogo-Datei ein. Klicken Sie unbedingt BILDDATEN EINBETTEN ❷ an! Auf anderen Rechnern existiert der Pfad zu Ihrer Bilddatei womöglich nicht, und dann kann das Bild nicht in das zu erzeugende PDF eingefügt werden. Falls Sie einen UNC-Pfad zu einem Netzlaufwerk verwenden, können Sie ggf. auf BILDDATEN EINBETTEN verzichten. Das Bild ist vermutlich erst verkleinert. Wählen Sie dann *Originalgröße verwenden* ❸ (Abbildung 6.31).

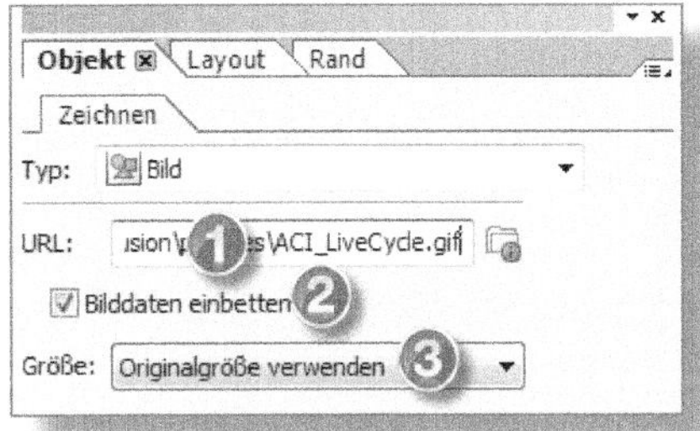

Abbildung 6.31: Objekteigenschaften des Bild-Objektes festlegen

5. Benennen Sie das Bild in der HIERARCHIE-Palette (vgl. Abbildung 6.28) um.

6. Fügen Sie nun links vom Firmen-Logo ein TEXT-OBJEKT ein (Achtung: kein TEXTFELD-OBJEKT). Wechseln Sie in die SCHRIFT-Palette, und stellen Sie eine große Schriftart ❶ ein (Abbildung 6.32).

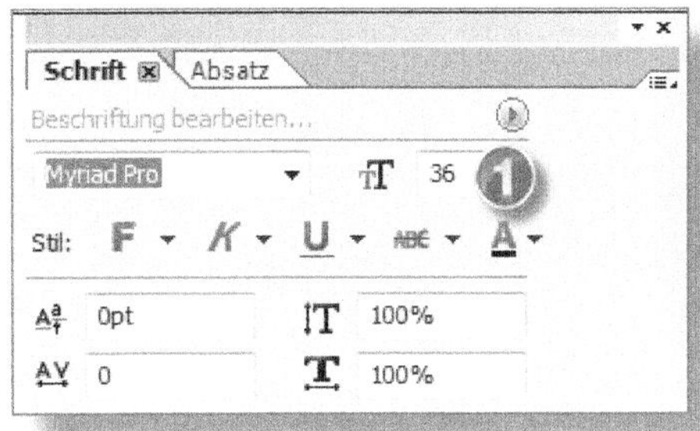

Abbildung 6.32: Schriftgröße eines Text-Objektes ändern

Schreiben Sie nun Ihren Firmennamen in das TEXT-OBJEKT. Dieses Textobjekt ist vermutlich zunächst zu klein für die große Schrift. Wechseln Sie also in die LAYOUT-Palette, und setzen Sie bei HÖHE und BREITE jeweils kurzzeitig das Flag bei PASSEND ERWEITERN ❶ ❷. Ihr Text-Objekt erhält so eine ausreichende Größe und behält sie auch bei, wenn Sie anschließend die Häkchen bei PASSEND ERWEITERN wieder entfernen (Abbildung 6.33).

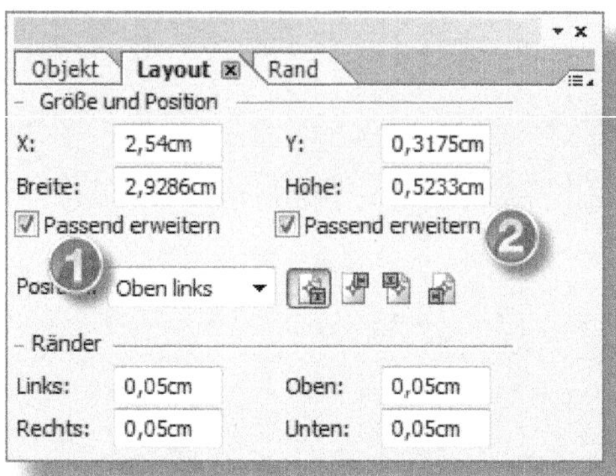

Abbildung 6.33: Feldgröße passend machen lassen

7. Das Ergebnis könnte dann wie in Abbildung 6.34 aussehen.

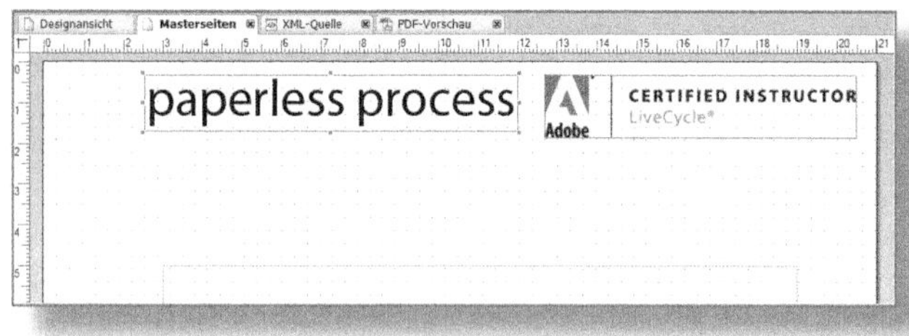

Abbildung 6.34: Beispiel für Kopfzeile mit Firmenlogo

! Der Inhaltsbereich soll nicht die Objekte der Kopfzeile berühren.

Im Gegensatz zu Word gibt es im LifeCycle Designer keine speziellen Bereiche für Kopfzeilen und auch keine Kopfzeilenansicht. Alle Hintergrundobjekte (Kopfzeilen, Fußzeilen, Randobjekte, Wasserzeichen) liegen einfach auf der Masterseite. Suchen Sie also nicht nach einer Kopfzeilenansicht.

Und v. a.: Achten Sie auf der Masterseite darauf, dass sich (abgesehen von Wasserzeichen) keine Objekte mit dem Inhaltsbereich überschneiden. Sonst würde der Inhalt der Textseite diese Masterseiten-Objekte verdecken. Am besten halten die Kopf- und Fußzeilenobjekte einen gewissen Abstand zum Inhaltsbereich.

6.4.2 Ein Brief mit Firmen-Logo auf der ersten Seite

Sie möchten Ihr Formular analog zu Ihrem Firmen-Briefpapier einrichten:

- Auf der ersten Seite befinden sich das Firmen-Logo und der Briefkopf,
- während auf den Folgeseiten nur noch Text steht.

Gehen Sie dazu wie folgt vor:

1. Richten Sie zwei Masterseiten ein: eine SEITE1 und eine FOLGESEITE (in Abbildung 6.35 heißen sie *Seite-1* und *Folgeseite*).

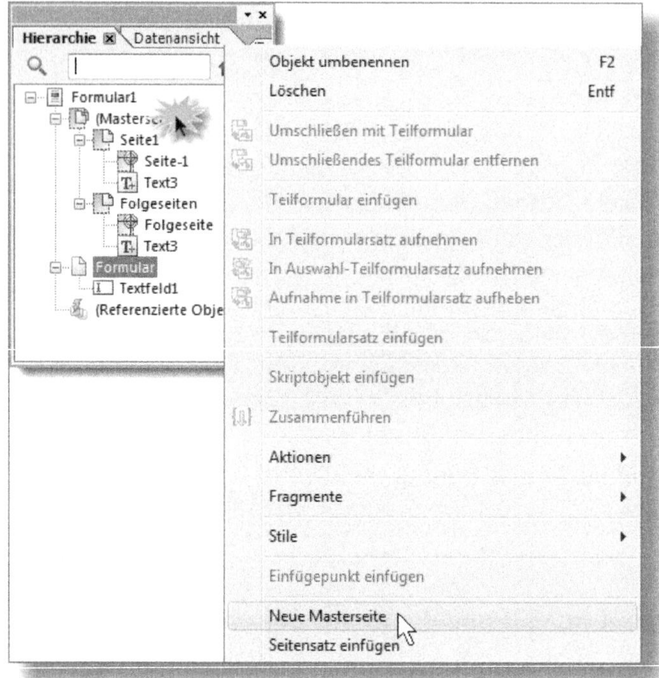

Abbildung 6.35: Neue Masterseite anlegen

2. Richten Sie eine Textseite mit TEXTFLUSS ein – also eine dynamische Seite (in Abbildung 6.36 heißt sie *Formular*).

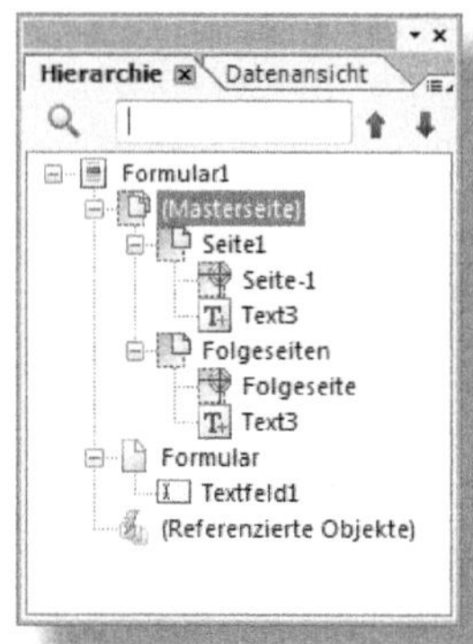

Abbildung 6.36: Zwei Masterseiten für einen Brief in der Objekthierarchie

3. Selektieren Sie die *Seite1-Masterseite*, und öffnen Sie das Fenster OBJEKT. Dort klicken Sie auf den Reiter MASTERSEITEN und stellen sicher, dass diese Masterseite nur einmal verwendet wird (Abbildung 6.37):
   BEGRENZEN Sie das AUFTRETEN DER SEITE ❶ auf mindestens (MIN-ZÄHLER) ❷ und höchstens (MAXIMAL) ❸ einmal.

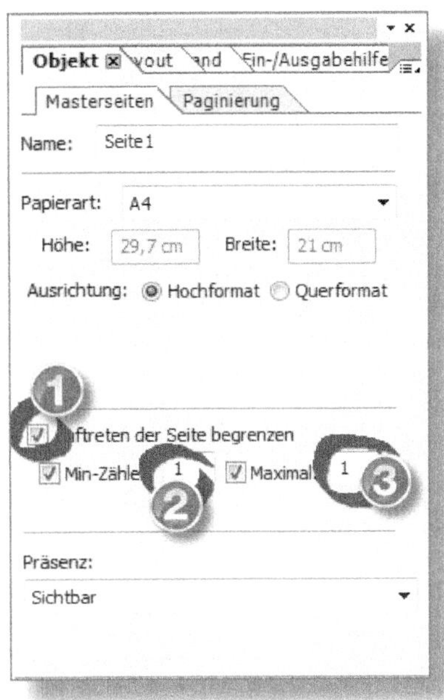

Abbildung 6.37: Masterseite nur einmal verwenden

4. Die Seiten können (nachdem sie mit ausreichend Daten gefüllt sind) dann wie in Abbildung 6.38 aussehen.
   (Anstelle von *Seite1* würden Sie natürlich einen Adressblock und ein Firmenlogo vorsehen und anstelle von *Folgeseite* vielleicht eine Seitennummerierung auf der Masterseite einfügen.)

Abbildung 6.38: Beispiel für eine erste Seite mit Folgeseiten

6.4.3 Eine AGB-Seite am Ende

AGB-Seiten sind vordefinierte Masterseiten, die automatisch am Ende des Dokumentes hängen. **Gehen Sie wie folgt vor**, um nach einer (oder mehreren) sich dynamisch verlängernden Seite eine AGB-Seite mit eigener Masterseite anzuhängen:

1. Richten Sie zwei Masterseiten ein:
   - eine TEXT-MASTERSEITE und
   - eine AGB-MASTERSEITE (in Abbildung 6.39 heißen sie *Seite* und *AGB*)
2. Richten Sie eine dynamische Textseite (mit TEXTFLUSS) ein, und legen Sie eine separate *AGB*-Textseite an. Das Hierarchiefenster entspricht dann etwa Abbildung 6.40.

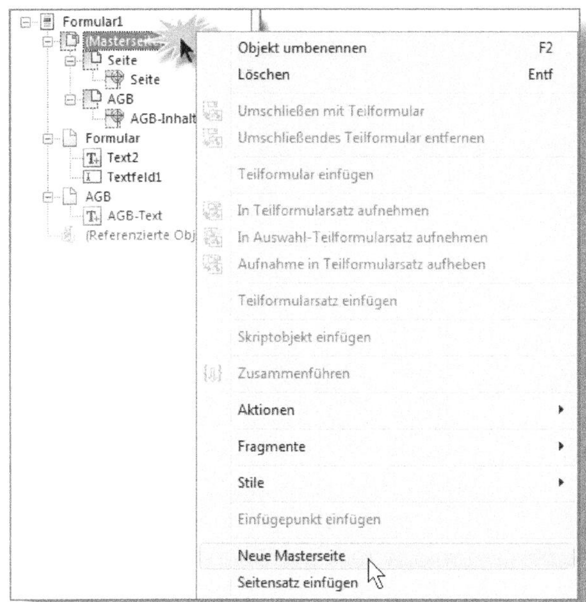

Abbildung 6.39: Neue Masterseite

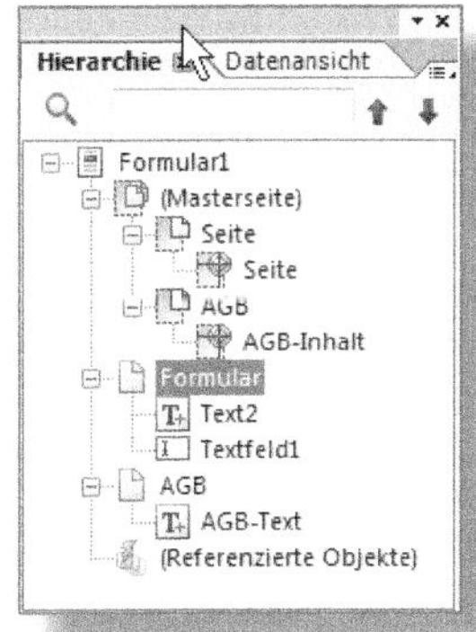

Abbildung 6.40: Zwei Masterseiten für Text und AGB in der Objekthierarchie

3. Selektieren Sie die dynamisch wachsende Textseite, und öffnen Sie das Fenster OBJEKT. Klicken Sie dort auf den Reiter PAGINIERUNG, und geben Sie den Inhaltsbereich im Feld PLATZIEREN fest

vor (da in diesem Beispiel die Masterseite »Seite« heißt, sieht man in Abbildung 6.41 die Platzierung *im Inhaltsbereich 'Seite'*).

Abbildung 6.41: Masterseiten-Inhaltsbereich einer Textseite fest vorgeben

4. Selektieren Sie die AGB-TEXTSEITE und öffnen Sie das Fenster OBJEKT. Wieder klicken Sie auf den Reiter PAGINIERUNG und geben den Inhaltbereich im Feld PLATZIEREN fest vor (Abbildung 6.42).

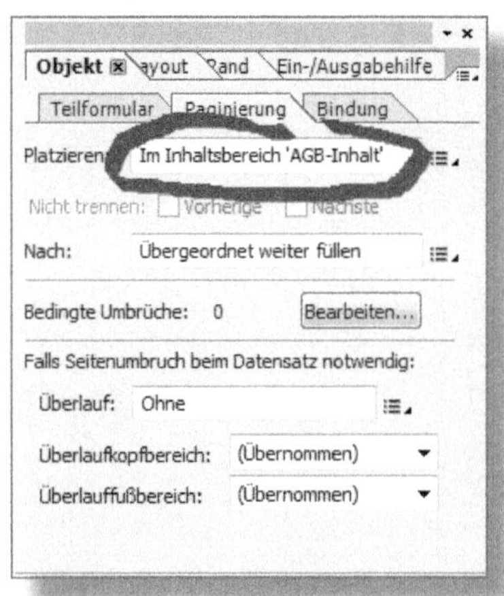

Abbildung 6.42: Masterseiten-Inhaltsbereich einer AGB-Seite fest vorgeben

5. Nach ausreichender Befüllung mit Daten könnten die Seiten wie in Abbildung 6.43 aussehen.

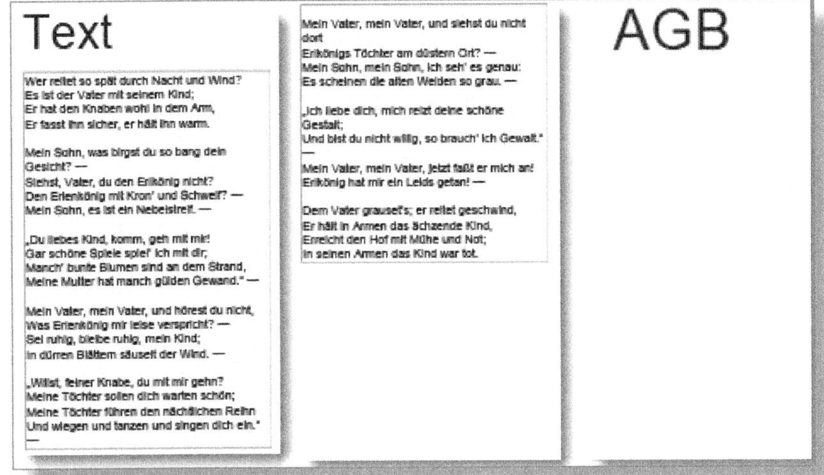

Abbildung 6.43: Beispiel für zwei Textseiten und AGB-Seite am Ende

6.4.4 Vorder- und Rückseite unterschiedlich gestalten

Gut planen

Es kommt häufig vor, dass ein breiterer Lochrand gewünscht wird. Zudem soll er

- auf der Vorderseite eines Formulars links und
- auf der Rückseite rechts positioniert sein.

☛ Stellen Sie zur Sicherheit ein paar Vorabüberlegungen an:

- Wird das Formular immer doppelseitig gedruckt?

- Beherrschen alle Drucker, die das Formular jemals ausdrucken, den Duplexdruck?

Einseitig gedruckte Formulare mit einem rechten Lochrand sind ausgesprochen hässlich und unpraktisch. Im Zweifel sollten Sie mit Ihren Randeinstellungen so jonglieren, dass alle Seiten die gleichen Ränder haben und der Locher trotzdem nie Text ausstanzt.

Kopfzeile einfügen

Gehen Sie wie folgt vor, um zwei Masterseiten für unterschiedliche Vorder- und Rückseiten bei dynamischen Formularen einzurichten:

1. Benennen Sie die erste Masterseite und ihren Inhaltsbereich jeweils in *Vorderseite* um (Abbildung 6.44), und ziehen Sie mit der Maus den gewünschten Lochrand links (Abbildung 6.45).

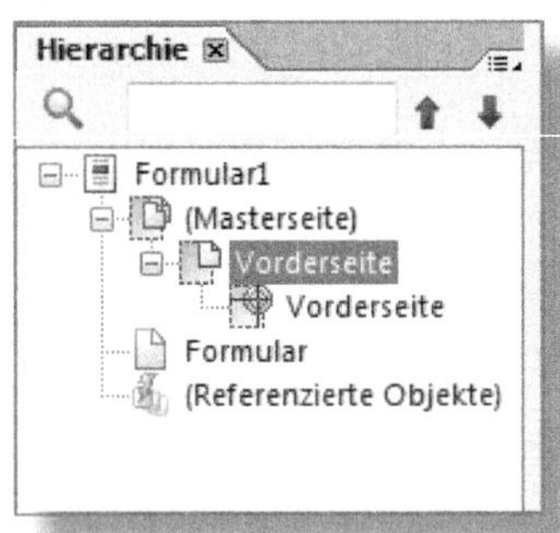

Abbildung 6.44: Masterseite umbenennen in »Vorderseite«

2. Legen Sie eine zweite Masterseite an. Dazu klicken Sie mit der rechten Maustaste auf das Icon für die MASTERSEITENSAMMLUNG und wählen NEUE MASTERSEITE (vgl. Abbildung 6.39).

3. Benennen Sie die neue Masterseite und ihren Inhaltsbereich jeweils in *Rueckseite* um (Abbildung 6.46), und ziehen Sie mit der Maus den gewünschten Lochrand rechts (Abbildung 6.47).

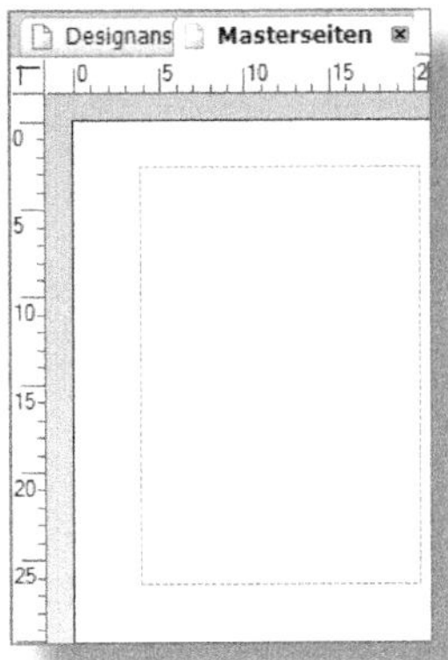

Abbildung 6.45: Inhaltsbereich mit Lochrand links definieren

Abbildung 6.46: Neue Masterseite umbenennen in »Rueckseite«

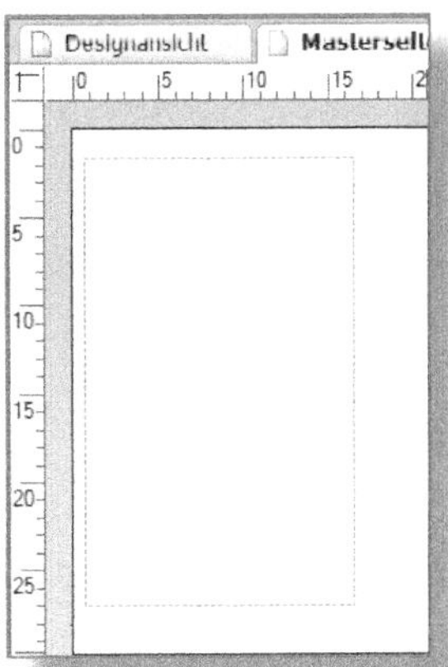

Abbildung 6.47: Inhaltsbereich mit Lochrand rechts markieren

Namenskonventionen

Ziehen Sie auch in diesem Fall Ihre eigene Namenskonvention für Formularobjekte strikt durch!

Es kann gut sein, dass Ihre Masterseiten dann »VORDERSEITE« und »RUECKSEITE« heißen.

4. Jetzt stellen Sie ein, dass sich die beiden Masterseiten immer abwechseln sollen: Gehen Sie in die Objekteigenschaften **beider** Masterseiten, und wählen Sie dort jeweils AUFTRETEN DER SEITE BEGRENZEN ❶ sowie MIN-ZÄHLER *1* ❷ und MAXIMAL *1* (Seite) ❸ (Abbildung 6.48).

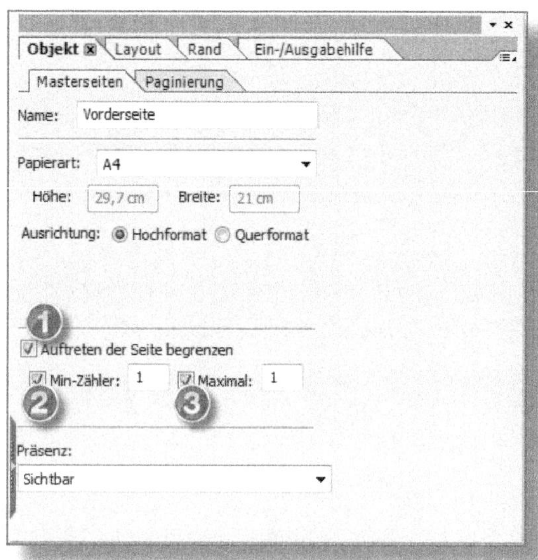

Abbildung 6.48: Auftreten der Seitenzahl begrenzen

5. Ihr dynamisches Formular sollten nun abwechselnd rechte und linke Seiten darstellen (Abbildung 6.49).

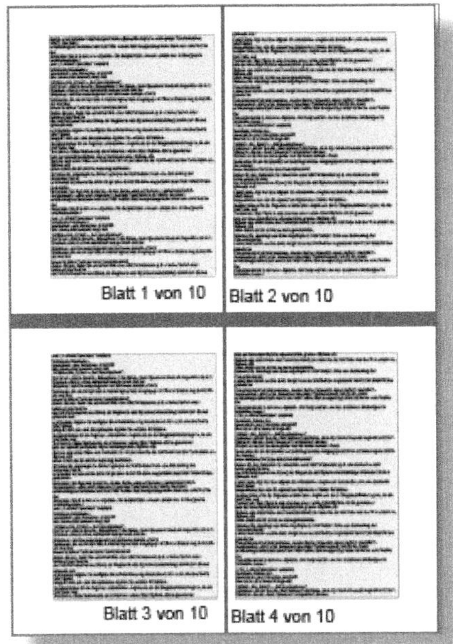

Abbildung 6.49: Beispiel für Vorder- und Rückseite

Warum funktioniert das?

Ihr Formular hat noch die Default-Einstellung der PAGINIERUNG (Abbildung 6.50).

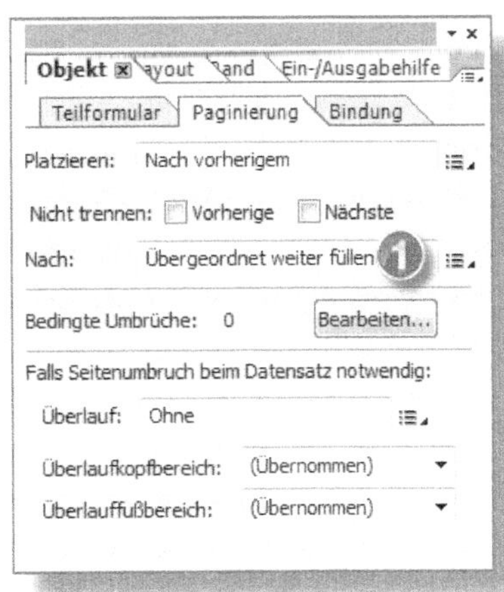

Abbildung 6.50: Default-Einstellung der Paginierung

Das bedeutet: Wenn der Inhaltsbereich der Masterseite voll ist, dann wird die nächste Masterseite mit deren Inhaltsbereichen genommen (ÜBERGEORDNET WEITER FÜLLEN) ❶. Den Masterseiten haben wir aber »verboten«, dass sie mehr als einmal hintereinander verwendet werden dürfen (MAXIMALES AUFTRETEN: *1*).

Jedes Mal, wenn der Inhaltsbereich der einen Masterseite »vollläuft«, wird der (nächste) Inhaltsbereich der anderen Masterseite genommen. Ist dieser voll, kommt wieder der erste Inhaltsbereich zum Einsatz. So wechseln sich beide Masterseiten ständig ab.

6.5 Layout, Schriften und das Aussehen von Formularobjekten ändern

Gestaltung ist wichtig

Unterschätzen Sie nie die Bedeutung der grafischen Gestaltung Ihres Formulars!

- Mit einem klaren, übersichtlichen Layout reduzieren Sie Fehleingaben merklich. So sinkt in der Folge der Bearbeitungsaufwand für die Abklärung unlogischer oder offensichtlich nicht zusammenpassender Formulareingaben.
- Jedes Formular repräsentiert Ihre Firma/Behörde. Sie erstellen also mit jedem Formular eine Art Visitenkarte. Wenn Sie einen Grafiker, eine Werbeabteilung, eine Agentur für Ihre Internetseite im Haus beschäftigen, sollten Sie sich mit ihnen zusammensetzen und das zukünftige Aussehen der Formulare besprechen. Erstellen Sie zusammen einen »Styleguide«, der die Schriftarten, Maße, Grafikelemente, Farbpaletten etc. festlegt.

Fonts einbetten

Wenn Sie Fonts verwenden, die beim Adobe Reader nicht mit installiert wurden, und

- Sie nutzen den FormServer (AES bei SAP), dann müssen Sie die Fonts am Server installieren;
- Sie erzeugen das PDF-Formular mit dem LiveCycle Designer, so müssen Sie die Fonts im Formular einbetten (was die Formulardatei größer macht).

☛ Besonderheit bei mobilen Geräten

Wenn Sie das Formular auf mobilen Geräten nutzen (Tablets), können Sie Fonts nicht einbetten. Verzichten Sie für diesen Fall auf spezielle Fonts.

☛ Schriften nicht unnötig einbetten

Betten Sie Schriften in Templates wirklich nur ein, wenn Sie andere als die des Adobe Readers nutzen!

Nur gerade Grundlinie

Eine oft gewünschte Anforderung ist eine Schriftzeile entlang einer gekrümmten Grundlinie (in der Gestaltungssprache auch als Formsatz oder »Text auf Pfad« bezeichnet). Beispielsweise werden manchmal runde Etiketten um ein Auslassrohr geklebt, und man möchte am äußeren Rand eine Beschriftung anbringen. Das ist leider nicht möglich. Mit dem LiveCycle Designer können Texte nur entlang einer geraden Grundlinie gedruckt werden.

☛ Arbeiten Sie mit einem Trick!

Sie können sich gestalterisch behelfen und die variablen Textanteile (Textfelder) in der Mitte auf geraden Grundlinien drucken. Die gekrümmten Texte können dann nur statischen Text enthalten, den Sie als Bild auf der Masterseite einfügen. Dieses Bild mit gekrümmtem Text müssen sie dann leider mit einem anderen Programm erzeugen.

6.5.1 Alle Schriften auf einmal anpassen

Sollten all Ihre Formularobjekte bereits mit »Stilen« eines Stylesheets verbunden sein, dann ändern Sie einfach die Stile – und schon sind alle Schriften angepasst. Anderenfalls gehen Sie über die Formulareigenschaften.

Jedes Mal, wenn Sie eine Schrift festlegen, müssen Sie entscheiden:

1. Ist das eine Standardschrift, die jeder Adobe Reader ohnehin darstellen kann?
2. Oder ist es eine besondere Schrift:
   - Verfügt jeder Nutzer des Formulars auf seinem Rechner über diese Schrift (z. B., weil nur Firmenangehörige das Formular nutzen und die Firmen-Hausschrift automatisch von der DV-Abteilung installiert wird)?
   - Oder müssen Sie die Schrift im Formular einbetten (was die Formulardatei größer macht), damit die Benutzer von ihrem Adobe Reader nicht aufgefordert werden, eine Ersatzschrift zu wählen?
3. Schlussendlich müssen Sie klären, ob Sie das Recht haben, die Schrift zu verbreiten. Bei den meisten Schriften hält ein Grafiker das Copyright.

Gehen Sie wie folgt vor (Abbildung 6.51), um alle Schriften eines Formulars auf einmal zu ändern.

1. Gehen Sie in den Menüpunkt DATEI • FORMULAREIGENSCHAFTEN • STANDARDSCHRIFTEN.
2. Wählen Sie dort die gewünschten SCHRIFTARTEN für die Beschriftung der Textfelder ❶ und für die Werte ❷ (den Inhalt) der Schriftfelder.
3. Klicken Sie dann auf *Eigenschaften auf vorhandene Feldwerte anwenden...*

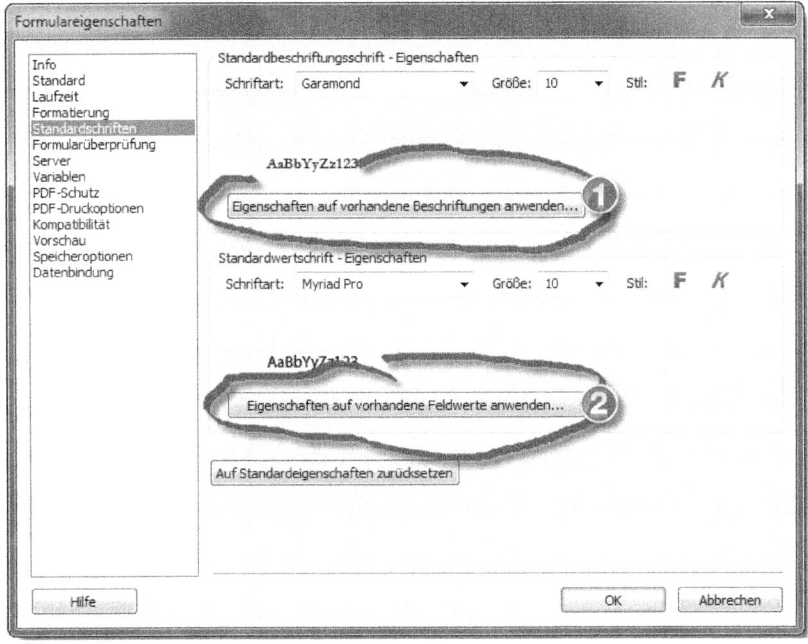

Abbildung 6.51: Standardschriften für Beschriftungen und für Feldeingaben (Werte)

Standardschrift versus Stylesheet

Die Verwendung von Standardschriften kann hilfreich sein für ein grundlegendes Neudesign eines bestehenden Formulars. Es ist aber ein sehr grobes Werkzeug, das in keiner Weise zwischen Überschriften, erklärendem Text etc. differenziert. Langfristig günstiger ist es daher, ein Stylesheet zu erstellen und das Formular damit anzupassen.

6.5.2 Formulare mit Stylesheets vereinheitlichen

Stylesheets ab Version 11

Mit Version 11 des LiveCycle Designers (als Teil von ES4) hat Adobe die *Stylesheets* eingeführt. Wenn Sie eine ältere Version des LiveCycle Designers nutzen, steht Ihnen dieses Feature nicht zur Verfügung.

! Keine Stylesheets unter SAP

SAP bietet dieses Feature im Designer leider nicht an.

Einsatzmöglichkeit

Sie legen die Formatierung

- pro Formularobjekttyp (also separat für Kontrollkästchen, Textfelder etc.)
- oder für alle Formularobjekttypen gemeinsam (dann aber nur Schriften, Hintergrundfarbe und Rand) fest.

Diese Formatierung heißt dann »Stil«. Mehrere Stile können in »Stylesheets« gesammelt werden. Die Stylesheets können zentral auf einer Netzwerkfestplatte liegen (*Externe Stylesheets*). Auf diese Weise können alle Formularentwickler dieselben Stylesheets nutzen.

Tabelle 6.1 zeigt Ihnen eine kleine Übersicht über die verfügbaren Stylesheet-Arten.

Dieses Stylesheet	liegt ...	und kann ...
internal	im Formular eingebettet	nur von diesem Formular genutzt werden
external	in separater Datei	von vielen Formularen genutzt werden

Tabelle 6.1: Arten von Stylesheets

Sie können nachträglich einen »Stil« und unmittelbar damit auch alle verbundenen Formularobjekte ändern.

Sie definieren vorab die Vorgaben aus Ihrem Firmen-Styleguide/Ihrer Corporate Identity in einem Stylesheet, das Sie dann als »Standard-Stylesheet« festlegen. Ab da entsprechen alle neu eingefügten Formularobjekte Ihren Vorgaben. Die Formulare wirken so schon ein ganzes Stück einheitlicher, und Sie sparen sich sehr viel Arbeit.

Beschränkungen

Es ist nachträglich nur mit großen Mühen möglich, den Formularobjekten eines Formulars noch Stile zuzuweisen. Dazu müssen Sie manuell alle Formularobjekte eines bestimmten Typs markieren und jeweils den passenden Stil zuordnen.

Leider ist es auch nicht möglich, alle Objekte eines Formulars gleichzeitig zu markieren und ihnen dann einen oder mehrere Stil(e) zuzuweisen. Nicht nur, dass der LiveCycle Designer keinen für den jeweiligen Formularobjekttyp passenden Stil vergibt – er verweigert vielmehr komplett jede Stilzuweisung, da gemischte Typen markiert würden.

Ausgegraute Einstellmöglichkeiten

Die Eigenschaften, die durch das Stylesheet festgelegt wurden, sind in den OBJEKT- UND LAYOUTEIGENSCHAFTEN ausgegraut. Wenn Sie also (eigenartigerweise) eine Eigenschaft nicht verändern können, dann öffnen Sie die Palette STILE (engl.: Style Catalog). Sofern das Formularobjekt an einen Stil gebunden ist, so ist dieser dort selektiert. Mit der rechten Maustaste auf das Objekt geklickt, können Sie die Stil-Bindung entfernen.

Ein Stylesheet erstellen

Gehen Sie wie folgt vor, um ein Stylesheet zu erstellen, mit dem Sie zukünftig die Formularobjekte aller Formulare vereinheitlichen:

1. Legen Sie ein neues Dummy-XDP-Template an (siehe dazu Abschnitt 6.1).
2. Fügen Sie auf dem XDP-Template von jedem Formularobjekt-Typ ein Formularobjekt ein (siehe in Abschnitt 5.3 eine Aufzählung der Formularobjekte).
3. Legen Sie für jedes Formularobjekt sorgfältig alle Eigenschaften nach den Maßgaben Ihres Firmen-Styleguides bzw. Ihrer Corporate Identity fest.
4. Klicken Sie nun auf jedes Formularobjekt mit der rechten Maustaste, und wählen Sie dort den Punkt STILE • NEUEN STIL AUS OBJEKT ERSTELLEN. Damit erzeugen Sie einen neuen Stil im INTERNEN STYLESHEET (Abbildung 6.52).

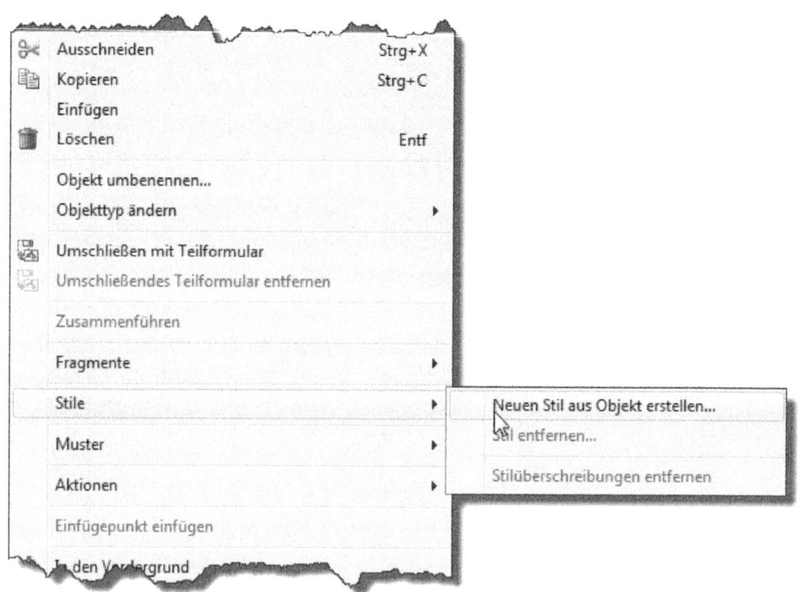

Abbildung 6.52: Neuen Stil erstellen

5. Geben Sie jedem Stil einen Namen ❶, der mit dem Formularobjekttyp beginnt (also z. B. *Textfeld-…*, *numerisches Feld-…* etc.), wie in Abbildung 6.53 zu sehen.

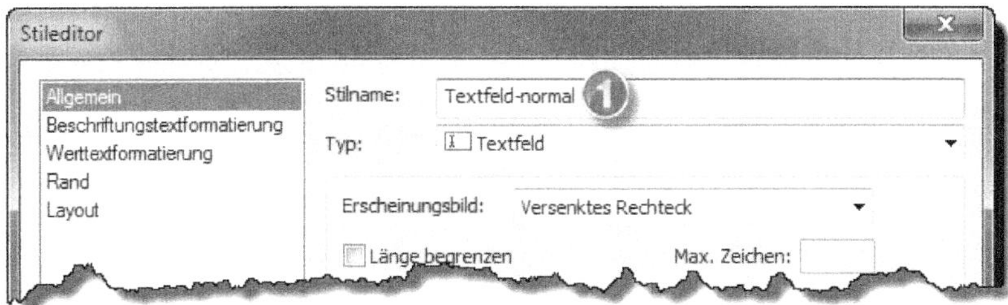

Abbildung 6.53: Stilnamen vergeben

Nachdem Sie dies für alle Formularobjekttypen erledigt haben, kopieren Sie die Stile in ein EXTERNES STYLESHEET (Abbildung 6.54).

Blenden Sie ggf. den Stilkatalog mit FENSTER • STILKATALOG (in SAP: PALETTEN • STILKATALOG) ein. Klicken Sie dann im INTERNEN STYLESHEET auf das Icon oben rechts ❶, und wählen Sie die Funktion STILE IN NEUES STYLESHEET EXTRAHIEREN… ❷.

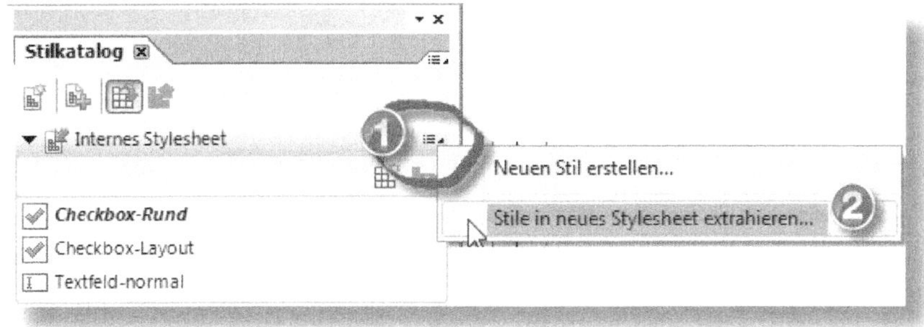

Abbildung 6.54: Internes Stylesheet in ein externes umwandeln

6.5.3 Größen und Postionen von Formularobjekten vereinheitlichen

Immer wieder kommt es vor, dass Sie die Größe mehrerer Formularobjekte gleichzeitig vereinheitlichen möchten.

Falls Sie Ihren Inhaltsbereich und entsprechend die Seitengröße verkleinern, müssen ggf. auch die Felder darin verkürzt werden. Oder Sie haben die benötigten Felder auf die Schnelle auf Ihr Formular platziert und möchten nun alle Felder exakt 23 mm vom linken Rand entfernt ausrichten.

Sie haben zwei Möglichkeiten, die Größen mehrerer Objekte effizient zu vereinheitlichen:

- Sie ändern in der LAYOUT-PALETTE die Werte, oder
- Sie wählen den Menü-Punkt LAYOUT • GLEICHE GRÖSSE... Dann haben Sie aber weniger Kontrolle darüber, wessen Größe übernommen wird (es ist immer das in der Hierarchie ganz unten stehende Objekt).

In jedem Fall selektieren Sie alle betroffenen Objekte (in der Hierarchie oder in der Designansicht) mit gedrückter `Strg`-Taste.

6.6 Formularobjekte ausrichten

Achten Sie beim Layout Ihres Formulars auf ein ruhiges Erscheinungsbild. Es sollte möglichst wenige Fluchtlinien geben, und alle Elemente sollten an diesen ausgerichtet sein. Machen Sie ein Feld lieber zu breit, wenn es dadurch besser in ein Raster passt.

Damit Ihr Formular diese Qualität erreicht, müssen Sie die Formularobjekte ausrichten. Dazu haben Sie verschiedene Möglichkeiten, die wir Ihnen in den nachfolgenden Abschnitten kurz beschreiben:

- Abschnitt 6.6.1 – Formularobjekte überlappen lassen
- Abschnitt 6.6.2 – Formularobjekte am Raster ausrichten

- Abschnitt 6.6.3 – Formularobjekte mit Menübefehlen ausrichten
- Abschnitt 6.6.4 – Formularobjekte mit der Menüleiste »Layout« ausrichten
- Abschnitt 6.6.5 – Formularobjekte mit den Objekteigenschaften ausrichten

6.6.1 Formularobjekte überlappen lassen

»Der Letzte gewinnt.«

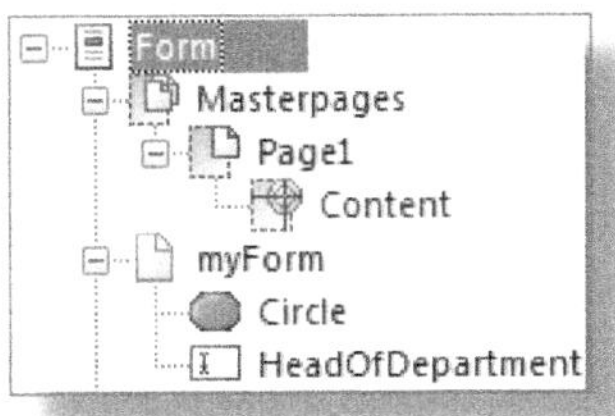

Abbildung 6.55: Formularobjekte überlappen

In diesem Beispiel verdeckt das Textfeld »HeadOfDepartment« (bestehend aus der Beschriftung und dem Eingabefeld, das hier ein hellgraues Rechteck ist) den Kreis (Abbildung 6.56), weil es in der Hierarchie weiter unten steht (Abbildung 6.55). Über die Hierarchie-Reihenfolge steuern Sie also die Sichtbarkeit.

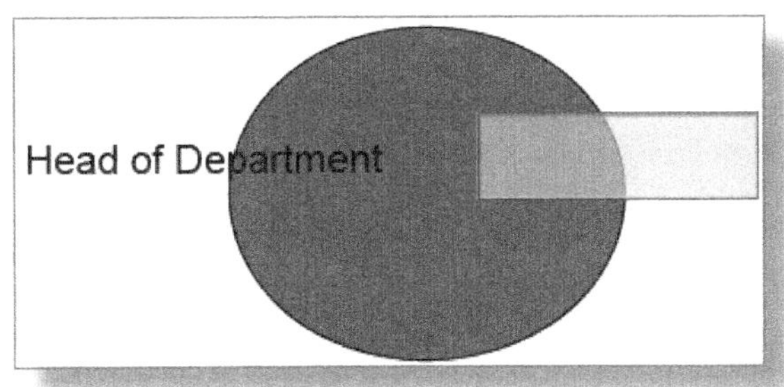

Abbildung 6.56: Beispiel überlappende Formularobjekte

☛ Besonderheit bei mobilen Geräten

Bei mobilen Geräten (Tablets) funktioniert das nicht, denn das Textfeld wäre trotzdem vom Kreis verdeckt. Vermeiden Sie Überlappungen bei Formularen für mobile Geräte.

6.6.2 Formularobjekte am Raster ausrichten

Legen Sie im Fenster ZEICHENHILFE ein Raster fest. Aktivieren Sie AM RASTER AUSRICHTEN ❶. Wählen Sie ein eher grobes Raster ❷ (kleine Zahlen als Intervall), wie in Abbildung 6.57 zu sehen.

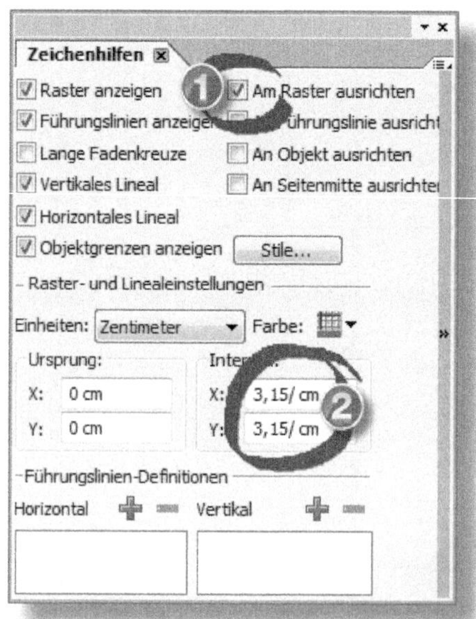

Abbildung 6.57: Formularobjekt am Raster ausrichten

! Einstellung gilt nur für die Zukunft

Die Ausrichtung am Raster gilt nur für Formularobjekte, die Sie ab dem Zeitpunkt des Einrichtens der Funktion verschieben oder erzeugen.

6.6.3 Formularobjekte über Menübefehle ausrichten

Selektieren Sie im Hierarchie-Fenster die Formularobjekte, die Sie ausrichten möchten. Wählen Sie im Menü LAYOUT • AUSRICHTEN • ... die gewünschte Positionierung, wie in Abbildung 6.58 zu sehen.

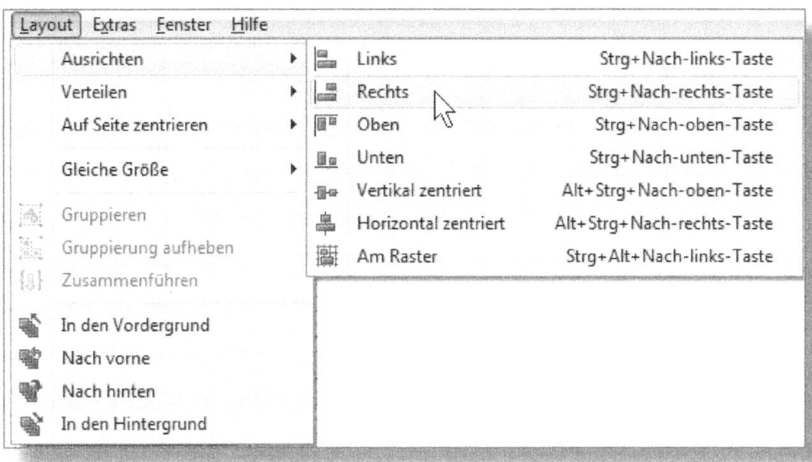

Abbildung 6.58: Formularobjekte mit Menübefehlen ausrichten

6.6.4 Formularobjekte über die»Layout«-Menüleiste ausrichten

1. Um die Menüleiste LAYOUT (Abbildung 6.60) sichtbar zu machen, wählen Sie, wie in Abbildung 6.59, unter EXTRAS • WERKZEUGLEISTEN ANPASSEN den Punkt LAYOUT ❶.

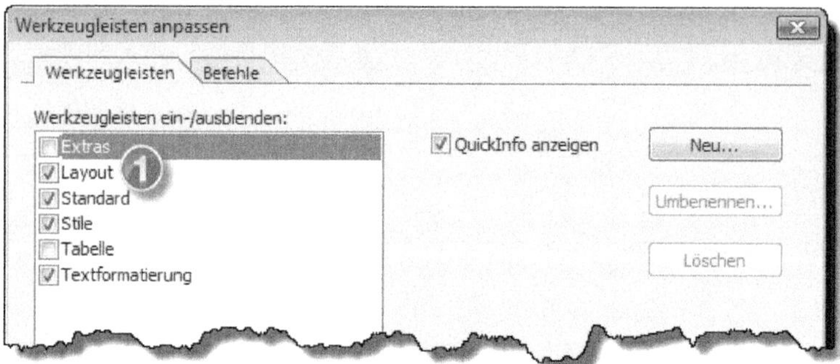

Abbildung 6.59: Menüleiste LAYOUT *sichtbar machen*

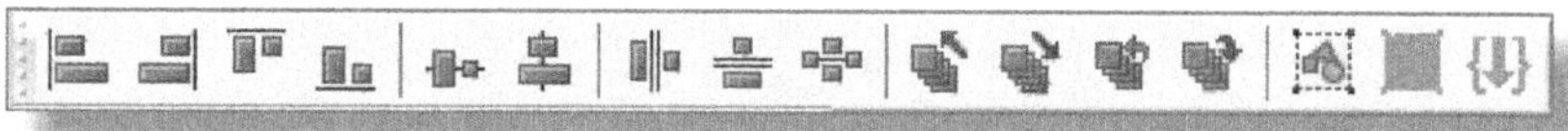

Abbildung 6.60: Menüleiste LAYOUT

2. Selektieren Sie nun im Hierarchie-Fenster (wie z. B. in Abbildung 6.55) die Formularobjekte, die Sie ausrichten möchten. Die Menüleiste LAYOUT wird dadurch farbig.
3. Klicken Sie auf das Icon Ihrer Ausrichteaktion in der Menüleiste LAYOUT. Das Vorgehen dazu entspricht dem in PowerPoint.

6.6.5 Formularobjekte anhand der Objekteigenschaften ausrichten

1. Selektieren Sie im Hierarchie-Fenster die Formularobjekte, die Sie ausrichten möchten.
2. Öffnen Sie den Reiter LAYOUT der Objekteigenschaften (Abbildung 6.61).

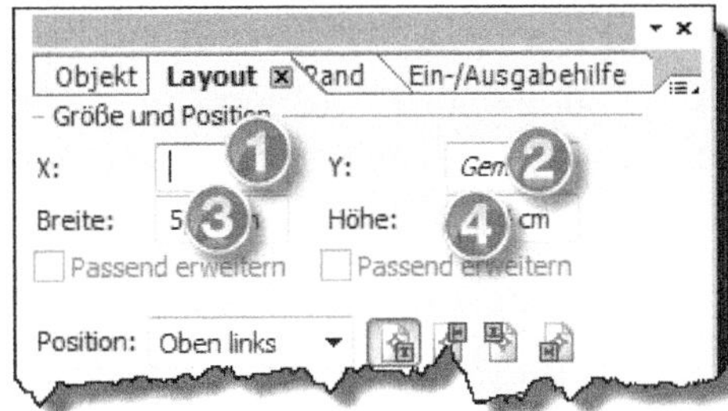

Abbildung 6.61: Formularobjekte mit Eigenschaften ausrichten

3. Tragen Sie nun eine Koordinate (X ❶ und/oder Y ❷) oder auch eine Objektbreite ❸ bzw. -höhe ❹ ein. Diese Werte gelten für alle selektierten Objekte gleichzeitig. So können Sie z. B. mehrere Objekte gleichzeitig auf den Millimeter genau 3 cm vom linken Rand entfernt positionieren.

6.7 Formularteile wiederverwenden

Sie haben sich für den LiveCycle Designer entschieden. Also planen Sie vermutlich, über die Zeit mehr als nur ein Formular zu erstellen oder anzupassen. Da werden Kriterien bedeutsam, die bei einem privaten Party-Einladungsformular nicht im Fokus stehen:

- Produktivität: Sie möchten möglichst schnell fertig werden.
- Qualität: Was schon mal funktioniert hat und getestet wurde, macht ihr Formular zuverlässiger.
- Einheitlichkeit: Ihre Firma gibt einen Style-Guide (eine Corporate Identity) vor, an die Sie sich halten sollen.

Der LiveCycle Designer bietet Ihnen für die Wiederverwendung ein paar Möglichkeiten, die Sie unbedingt nutzen sollten:

- Abschnitt 6.7.1 – Ein Teilformular in eine Objektbibliotheksgruppe einfügen
- Abschnitt 6.7.2 – Eine TDS-Vorlage in eine Vorlagenkategorie einfügen

- Abschnitt 6.7.3 – Ein Teilformular in eine Fragmentbibliothek einfügen
- Abschnitt 6.7.4 – Ein Teilformular aus einem anderen Formular kopieren

6.7.1 Ein Teilformular in eine Objektbibliotheksgruppe einfügen

Was ist eine Objektbibliotheksgruppe?

Betrachten Sie Ihre OBJEKTBIBLIOTHEK (Abbildung 6.62). Falls Sie dieses Fenster nicht sehen, öffnen Sie die OBJEKTBIBLIOTHEK mit [⇧] + [F12] oder über den Menüpunkt FENSTER (in SAP: PALETTEN).

Dort sehen Sie übergeordnete *Objektbibliotheksgruppen* in grauen, beschrifteten Querbalken: STANDARD, EIGENE, BARCODE. Sie öffnen bzw. schließen sich beim Draufklicken. Hier finden Sie bereits bestehende Formularobjekte, die Sie in Ihr Formular ziehen können.

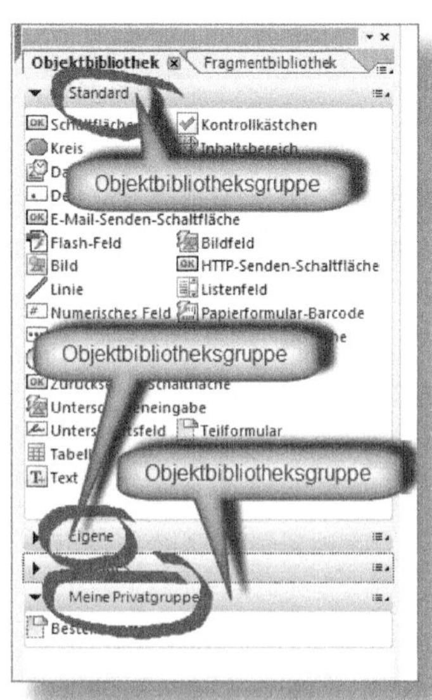

Abbildung 6.62: Objektbibliothek mit entsprechenden Gruppen

Fertige Formularteile, die Sie für eine spätere Wiederverwendung in der Objektbibliothek deponieren wollen, speichern Sie in eigenen *Objektbibliotheksgruppen*. Beim Erstellen anderer Formulare ziehen Sie diese Formularteile einfach auf Ihre neue Formularseite.

☛ Und das Beste:

Alle Ihre Kollegen haben Zugriff auf dieselben Teilformulare!

Anwendungsbeispiele für eigene Objektbibliotheksgruppen

Diese Teilformulare kann man direkt wiederverwenden:

- den Standard-Adressblock,
- den Vertragsblock mit Vertragsnummer, Laufzeit etc. sowie
- die Bankverbindung mit IBAN, Bankname etc.

Wie nutzen Sie die Objektbibliothek für die Wiederverwendung?

- Sie legen eine eigene Objektbibliotheksgruppe an.
- Sie fügen ein Teilformular aus einem fertigen Form in diese Objektbibliotheksgruppe.
- In einem anderen Formular ziehen Sie das Teilformular aus der Objektbibliotheksgruppe in den Arbeitsbereich.

Neue Objektbibliotheksgruppe anlegen

Es ist sinnvoll, die wiederverwendeten Teilformulare logisch zu gruppieren. So findet man schneller, was man braucht. Dazu sortiert man sie in separate Objektbibliotheksgruppen.

- Entweder Ihre Kollegen haben bereits solche Teilformulargruppen angelegt. Dann müssen Sie diese noch in Ihrem LiveCycle Designer sichtbar machen. Das wird in Abschnitt 4.2 erklärt.

- Oder Sie wollen selbst eine neue Objektbibliotheksgruppe anlegen. Dann **gehen Sie wie folgt vor:**

1. Oben rechts im OBJEKTBIBLIOTHEKSFENSTER sehen Sie ein winziges Icon ❶. (Gleich darunter ist ein identisches Icon der Objektbibliotheksgruppe STANDARD ❸ zu sehen. Das ist aber nicht gemeint!) Klicken Sie darauf, und wählen Sie GRUPPE HINZUFÜGEN... ❷ (Abbildung 6.63).

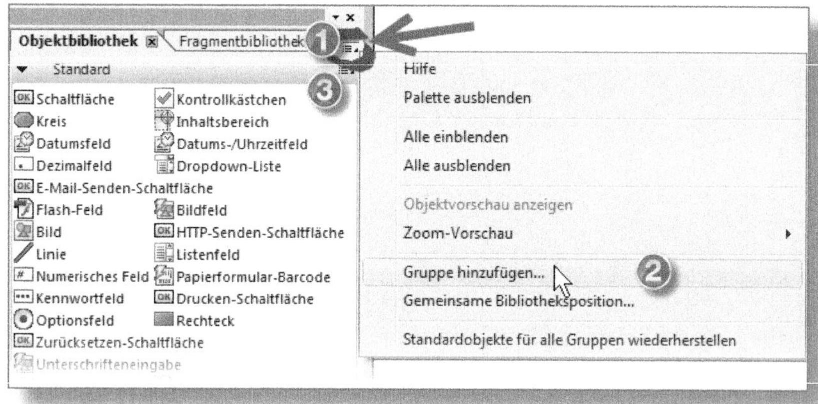

Abbildung 6.63: Objektbibliotheksgruppe anlegen

2. Geben Sie Ihrer neuen Objektbibliotheksgruppe einen sprechenden NAMEN (Abbildung 6.64).

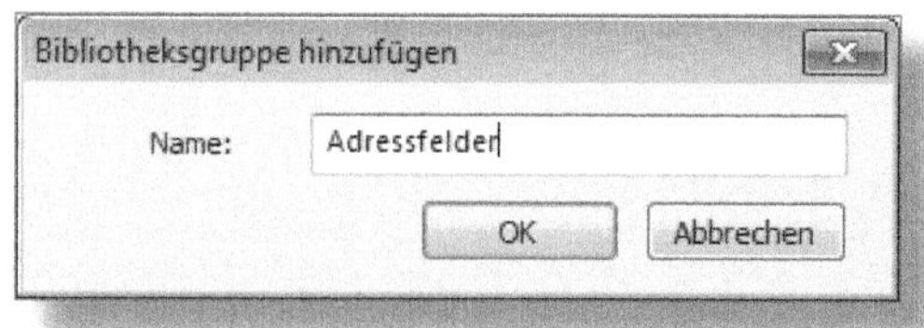

Abbildung 6.64: Namen der Bibliotheksgruppe eingeben

3. In der OBJEKTBIBLIOTHEK taucht nun Ihre neue Objektbibliotheksgruppe auf. Klicken Sie dort auf das eigentümliche Icon rechts ❶, und wählen Sie GRUPPENEIGENSCHAFTEN... ❷ (Abbildung 6.65).

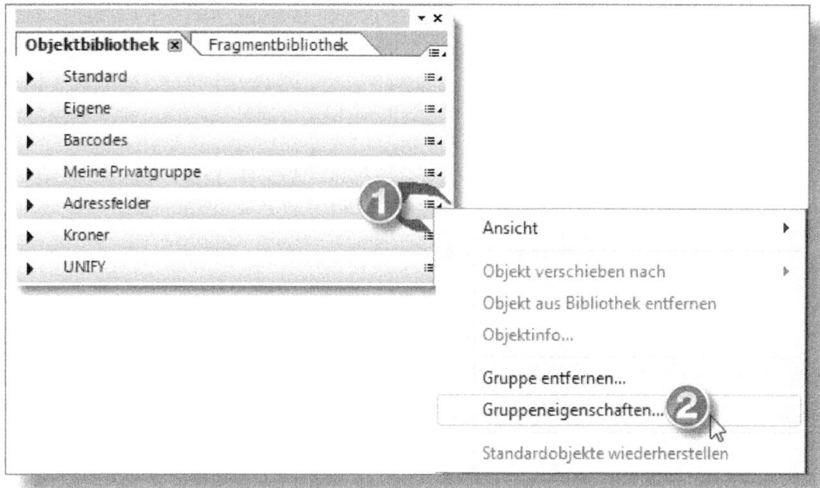

Abbildung 6.65: Gruppeneigenschaften einer Objektbibliotheksgruppe öffnen

4. Unter POSITION ❶ (Abbildung 6.66) geben Sie nun an:

    - ein Verzeichnis auf einer Netzwerkplatte (so können alle Ihre Kollegen auf die Teilformulare zugreifen, die sich in dieser Objektbibliotheksgruppe ansammeln) oder
    - ein Verzeichnis auf Ihrem PC, wenn Sie in dieser Objektbibliotheksgruppe private Teilformulare sammeln, die Ihren Kollegen nicht weiterhelfen, also auch nicht zugänglich gemacht werden müssen.

Abbildung 6.66: Verzeichnis einer Objektbibliotheksgruppe

Wenn Sie der »LiveCycle-Designer-Vordenker« für Ihr Team sind, können Sie die Rechte Ihrer Kollegen an dieser Stelle einschränken.

! Berechtigungen und »Gemeinsame Bibliothek«

Wenn alle im Team vollen Zugriff auf die Teilformulare in einer Objektbibliotheksgruppe haben, dann kann ein Kollege auch versehentlich ein wichtiges Teilformular löschen. Endgültig und spurlos.

Wenn das ein Thema bei Ihnen ist, dann sollten Sie das Verzeichnis der Bibliotheksgruppen zuverlässig regelmäßig sichern: in der Online-Hilfe nach »Gemeinsame Bibliothek« (engl.: shared library) suchen und dann die von allen nutzbaren Objektbibliotheksgruppen so organisieren.

Teilformular in Objektbibliotheksgruppe einfügen

1. Fassen Sie alle Formularobjekte, die Sie gemeinsam in der Objektbibliotheksgruppe ablegen wollen, in einem Teilformular zusammen (falls das noch nicht geschehen ist). Markieren Sie sie dazu und klicken Sie anschließend in der Hierarchie mit der rechten Maustaste auf eines der markierten Objekte. Wählen Sie UMSCHLIESSEN MIT TEILFORMULAR (Abbildung 6.67).

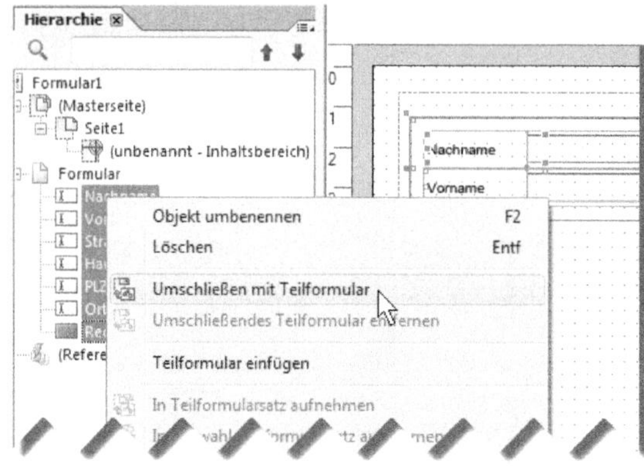

Abbildung 6.67: Teilformular um mehrere Formularobjekte legen

2. Geben Sie dem neuen Teilformular in der Hierarchie gleich einen sprechenden Namen ❶ (Abbildung 6.68).

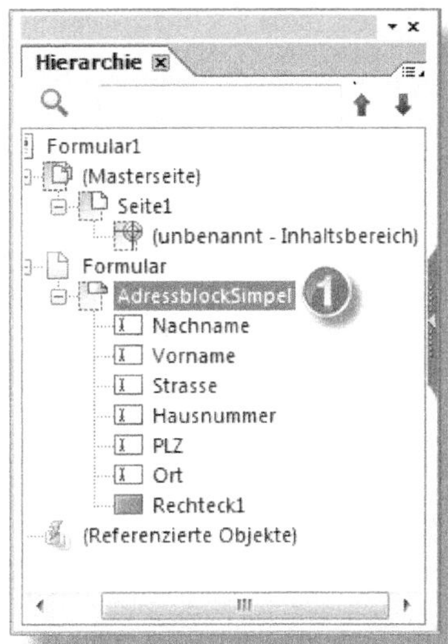

Abbildung 6.68: Objekthierarchie mit gruppierendem Teilformular

3. Ziehen Sie Ihr neues Teilformular aus der Designansicht in die gewünschte Objektbibliotheksgruppe, und markieren Sie es. Haben Sie es im Hierarchiefenster markiert, müssen Sie anschließend noch auf den Reiter DESIGNANSICHT ❶ klicken (Abbildung 6.69).

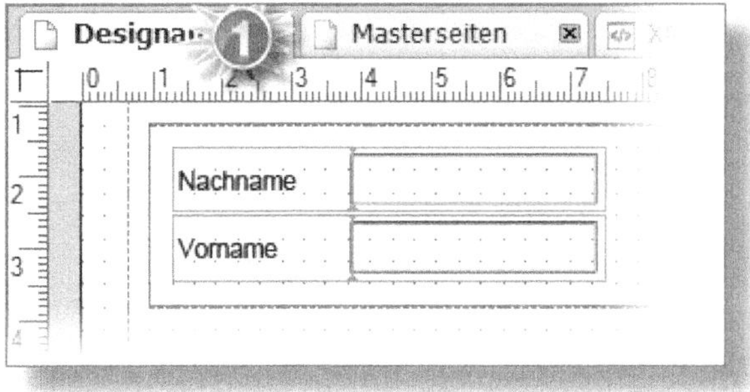

Abbildung 6.69: Aktivieren der Designansicht

Sie müssen unbedingt das Teilformular bei gedrückter Maustaste aus der Designansicht in die Objektbibliotheksgruppe ziehen und dort »fallen lassen«. Es ist leider unmöglich, ein Teilformular aus dem Hierarchiefenster in eine Objektbibliotheksgruppe zu ziehen (Abbildung 6.70).

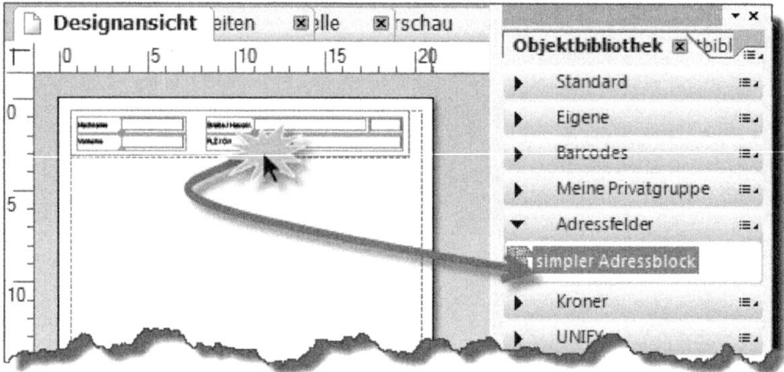

Abbildung 6.70: Teilformular aus Designansicht in Objektbibliotheksgruppe ziehen

4. Geben Sie Ihrem Objekt in der Objektbibliotheksgruppe nun noch einen sprechenden Namen (Abbildung 6.71).

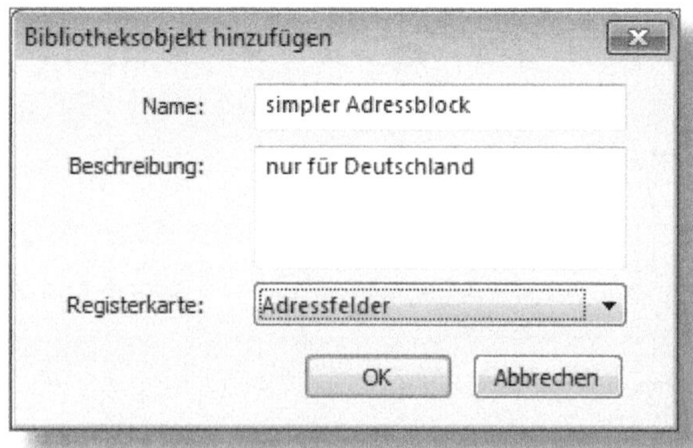

Abbildung 6.71: Namen für neues Bibliotheksobjekt vergeben

6.7.2 Eine TDS-Vorlage in eine Vorlagenkategorie einfügen

! Keine TDS-Vorlagen unter SAP

SAP bietet dieses Feature leider nicht im LiveCycle Designer an.

Was ist eine TDS-Vorlage?

TDS-Vorlagen sind XDP-Templates, die mit einer speziellen Endung ».tds« abgespeichert werden. Sie können damit neue Formulare, also XDP-Templates erstellen.

Grundprinzip

Sie speichern ein geeignetes Formular als Vorlage auf einem Netzlaufwerk, und alle Ihre Kollegen haben Zugriff auf dieselbe Vorlage!

In Abschnitt 6.1.4 wird gezeigt, wie man mit so einer Vorlage ein neues Formular anlegt.

Formulare, die sich über TDS-Vorlagen wiederverwenden lassen

- Der Geschäftsbrief mit der richtigen Kopf- und Fußzeile,
- die jährliche Kundenrückmeldung für Messe-Eintrittskarten,
- die erste Seite des Standardkreditvertrags
- usw.

Neue Vorlagenkategorie anlegen

Es ist sinnvoll, die wiederverwendeten Vorlagen logisch zu gruppieren. So findet man schneller, was man braucht. Dazu sortiert man die Teilformulare in separate VORLAGENKATEGORIEN.

- Entweder Ihre Kollegen haben bereits solche Vorlagenkategorien angelegt. Dann müssen Sie diese noch in Ihrem LiveCycle Designer sichtbar machen (das wird in Abschnitt 4.3 erklärt),
- oder Sie wollen selbst eine neue Vorlagenkategorie anlegen.

Gehen Sie wie folgt vor:

1. Wählen Sie in der Menüleiste EXTRAS • VORLAGEN-MANAGER... und
2. klicken Sie auf das kleine Dreieck oben rechts ❶. Wählen Sie im aufgeklappten Menü KATEGORIE HINZUFÜGEN... ❷ (Abbildung 6.72).

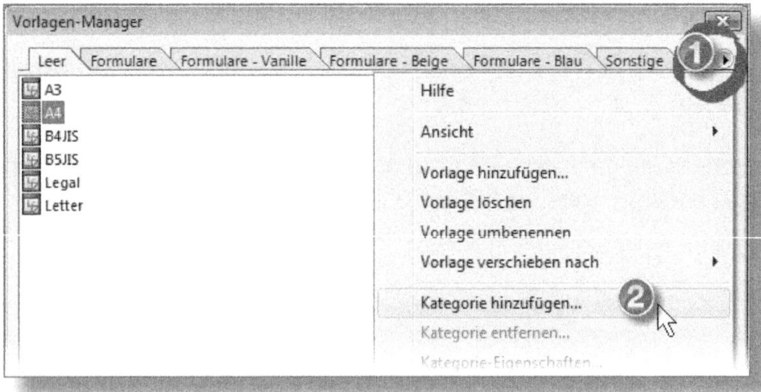

Abbildung 6.72: Eine neue Vorlagenkategorie anlegen

3. Geben Sie Ihrer Kategorie einen sprechenden Namen (Abbildung 6.73).

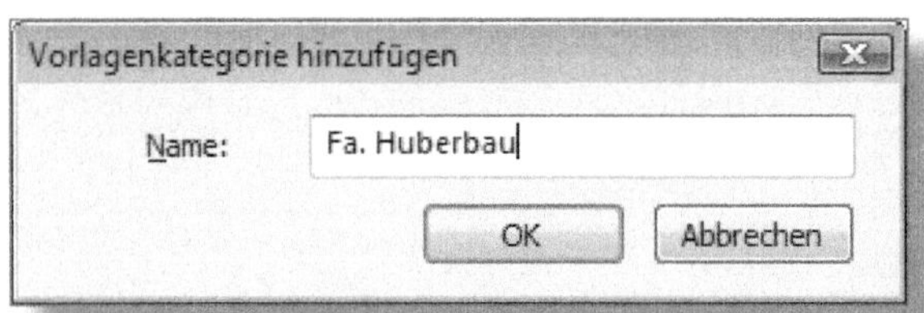

Abbildung 6.73: Name einer Vorlagenkategorie vergeben

4. Gehen Sie mit der rechten Maustaste auf den neu erzeugten Reiter, und wählen Sie KATEGORIE-EIGENSCHAFTEN (Abbildung 6.74).

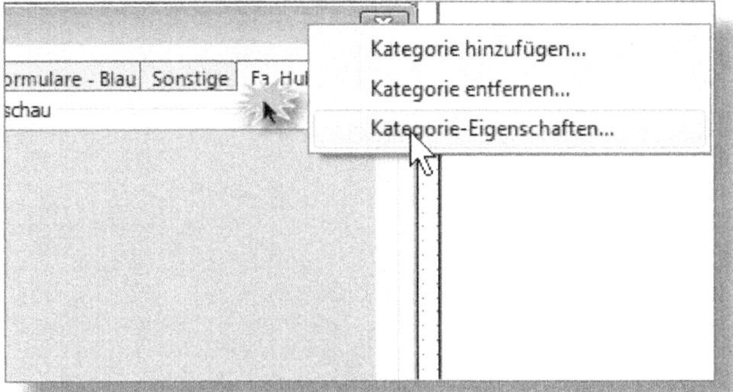

Abbildung 6.74: Eigenschaften der Vorlagenkategorie öffnen

5. Geben Sie hier ein Verzeichnis auf einer Netzwerkplatte ein, auf das alle Ihre Kollegen Zugriff haben (Abbildung 6.75).

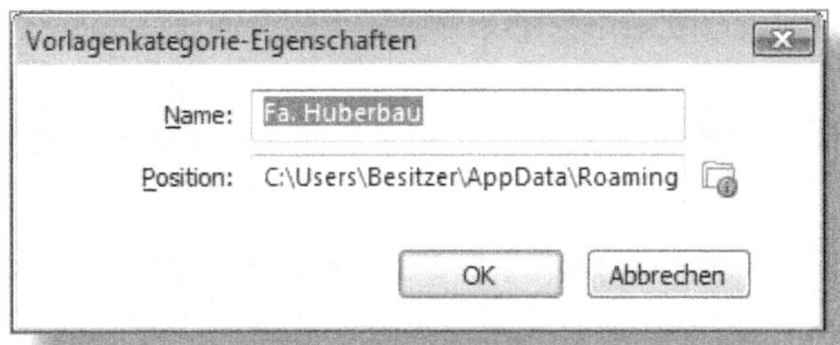

Abbildung 6.75: Pfad der Vorlagenkategorie festlegen

Vorlage in Vorlagenkategorie einfügen

1. Erstellen Sie ein XDP-Template, und speichern Sie es als »Adobe LiveCycle Designer-Vorlage (*.tds)« ab (Abbildung 6.76).

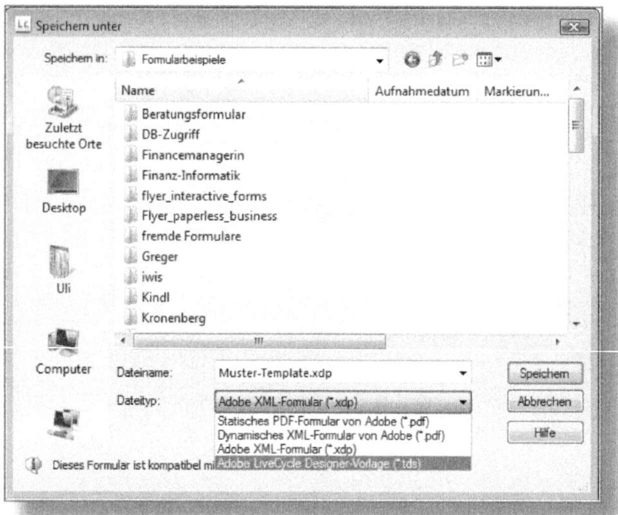

Abbildung 6.76: Ein XDP-Template als TDS-Vorlage abspeichern

2. Wählen Sie in der Menüleiste EXTRAS • VORLAGEN-MANAGER... • VORLAGEN HINZUFÜGEN, AUSWÄHLEN, ENTFERNEN eine Ihrer soeben abgelegten TDS-Vorlagen aus und fügen Sie sie der Vorlagenkategorie hinzu.

6.7.3 Ein Teilformular in eine Fragmentbibliothek einfügen

! Keine Fragmente unter SAP

SAP unterstützt bislang leider keine Fragmente. Bitte nutzen Sie unter SAP stattdessen *Textbausteine*!

Was ist ein Fragment?

Ein *Fragment* ist ein Verweis auf ein Teilformular. Das Teilformular ist also nicht in der XDP-Datei enthalten – dort steht nur dessen Pfad.

Wie erstelle ich ein Fragment?

Sie speichern ein Teilformular als separate XDP-Datei in einer Fragmentbibliothek. In Ihrem Formular wird es dabei ersetzt.

Jedes Mal, wenn Sie die XDP-Datei in Ihrem LiveCycle Designer öffnen, wird das Fragment frisch aus der Fragmentbibliothek geholt und in Ihr Formular eingesetzt.

Vor- und Nachteile

Die Vorstandszusammensetzung, die in jeder Fußzeile Ihrer Formulare steht, ändert sich regelmäßig. Wenn Sie die Fußzeile als Fragment realisiert haben, dann müssen Sie nur noch

1. einmal das Fußzeilen-Fragment ändern sowie
2. jede XDP-Datei öffnen und damit wieder »frische« PDFs erzeugen.

Schon haben Sie für alle Formulare die Fußzeile korrigiert.

Wenn Sie einen FormServer nutzen und die Fragmente in dessen Repository ablegen, passiert das Aktualisieren sogar automatisch während der PDF-Erzeugung. Allerdings steht der Fragment-Pfad fest in Ihren XDP-Dateien. Er darf sich nie ändern. Wer keinen Zugriff auf diesen Pfad hat (z. B. externe Berater), kommt an die Fragmente nicht heran.

Abgesehen von sehr speziellen Anwendungsfällen kann man daher sagen:

- Wer den FormServer von SAP (ADS) verwendet, dem stehen ohnehin keine Fragmente zur Verfügung.
- Wer den Standard-FormServer nutzt (»forms«), der sollte Fragmente nutzen und sie immer im Repository ablegen.
- Wer gar keinen FormServer zur Verfügung hat, der sollte keine Fragmente einsetzen.

Im Prinzip kommt für ein Fragment jedes Teilformular infrage, das man auch in einer Objektbibliotheksgruppe ablegen würde.

Ein Fragment spart Arbeit, wenn es sich öfter mal ändert und in mindestens zwei Formularen eingesetzt wird. Ein klassischer Anwendungsfall sind Fußzeilen in Geschäftsbriefen. Wer aber lange genug mit Formularen zu tun hatte, stellt fest, dass sich ziemlich viele Formularblöcke häufiger ändern: Der Kontoverbindungsblock (SEPA-Einführung), der Adressblock (Umstellung auf fünfstellige Postleitzahlen in Deutschland) etc. Man muss also nur lange genug warten, dann wird jeder mehrfach genutzte Formularblock für Fragmente geeignet.

Neues Fragment anlegen

Gehen Sie wie folgt vor, um neue Fragmente anzulegen:

1. Fassen Sie alle Formularobjekte, die sie gemeinsam in der Objektbibliotheksgruppe ablegen wollen, in einem Teilformular zusammen (falls das noch nicht geschehen ist). Markieren Sie dazu alle diese Formularobjekte, und klicken Sie dann in der Hierarchie mit der rechten Maustaste auf eines der markierten Objekte. Wählen Sie UMSCHLIESSEN MIT TEILFORMULAR (Abbildung 6.77).

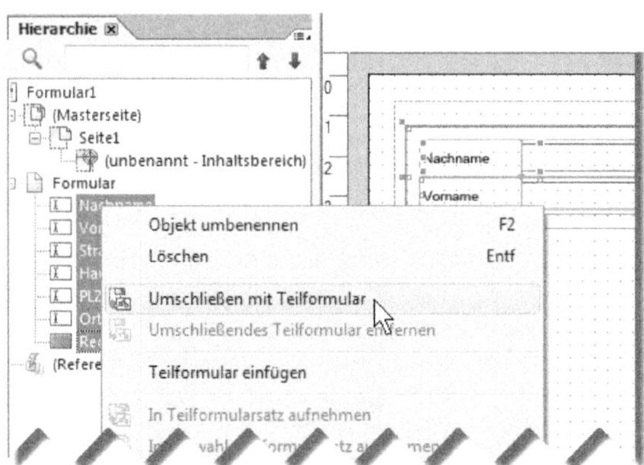

Abbildung 6.77: Ein Teilformular um mehrere Formularobjekte legen

2. Geben Sie dem neuen Teilformular in der Hierarchie gleich einen sprechenden Namen ❶ (Abbildung 6.78).

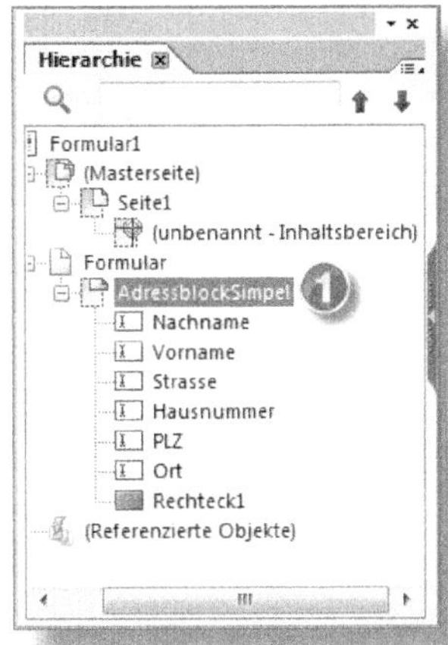

Abbildung 6.78: Objekthierarchie mit gruppierendem Teilformular

3. Klicken Sie mit der rechten Maustaste auf das soeben erstellte Teilformular im Hierarchiefenster. Wählen Sie dort FRAGMENTE • FRAGMENT ERSTELLEN (Abbildung 6.79).

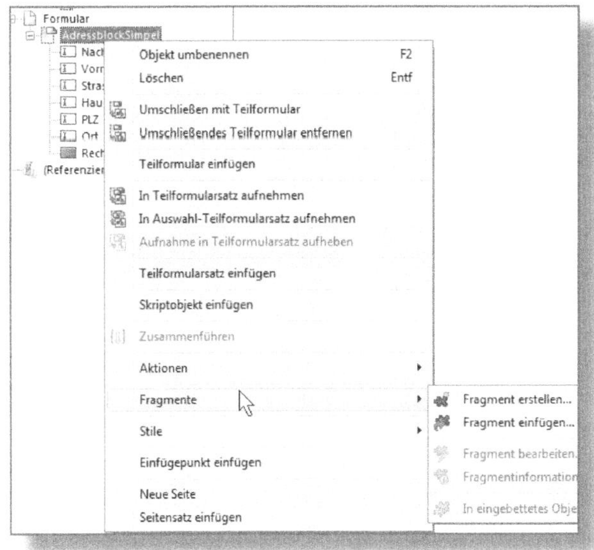

Abbildung 6.79: Teilformular in ein Fragment umwandeln

4. Geben Sie dem Fragment einen sprechenden NAMEN ❶. Wählen Sie als FRAGMENTBIBLIOTHEK ❷ ein Verzeichnis auf einem Netzlaufwerk, auf das alle Ihre Kollegen Zugriff haben. Dieser Pfad darf sich ab da **nie mehr ändern** (Abbildung 6.80)!

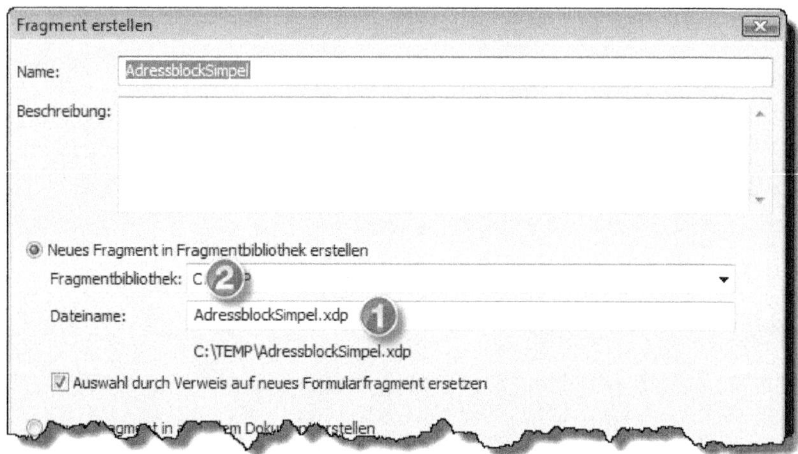

Abbildung 6.80: Pfad des Fragments festlegen

5. Ihr Teilformular färbt sich daraufhin lila und erhält ein Puzzle-Symbol. Dies bedeutet, dass es sich nun in ein Fragment verwandelt hat (Abbildung 6.81).

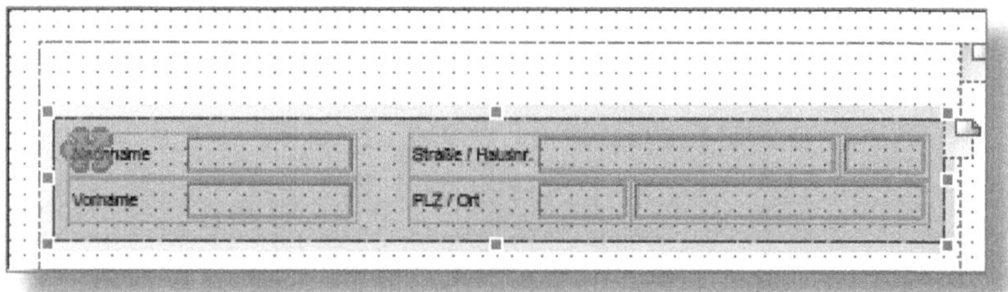

Abbildung 6.81: Fragment in Formularseite

Um Ihr bestehendes Fragment nun in ein Formular einzufügen, sind noch zwei Schritte zu vollziehen:

1. Klicken Sie mit der rechten Maustaste auf eine leere Fläche in der Designansicht Ihres Formulars, und wählen Sie im Kontextmenü FRAGMENTE • FRAGMENT EINFÜGEN (Abbildung 6.82 ❶).

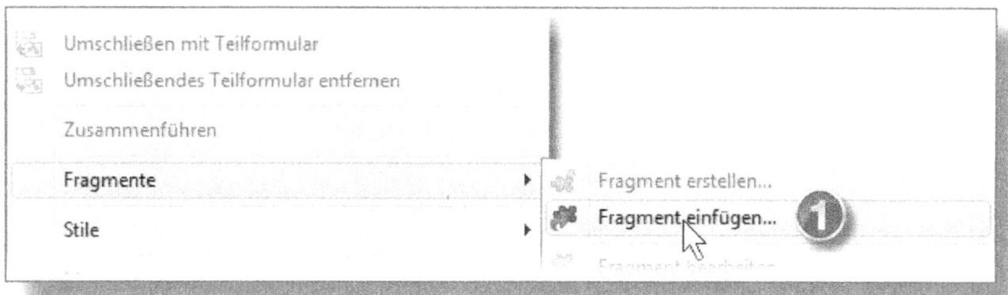

Abbildung 6.82: Bestehendes Fragment in Seite einfügen

2. Öffnen Sie Ihr Fragment-Verzeichnis, und wählen Sie dort Ihr Fragment aus (Abbildung 6.83).

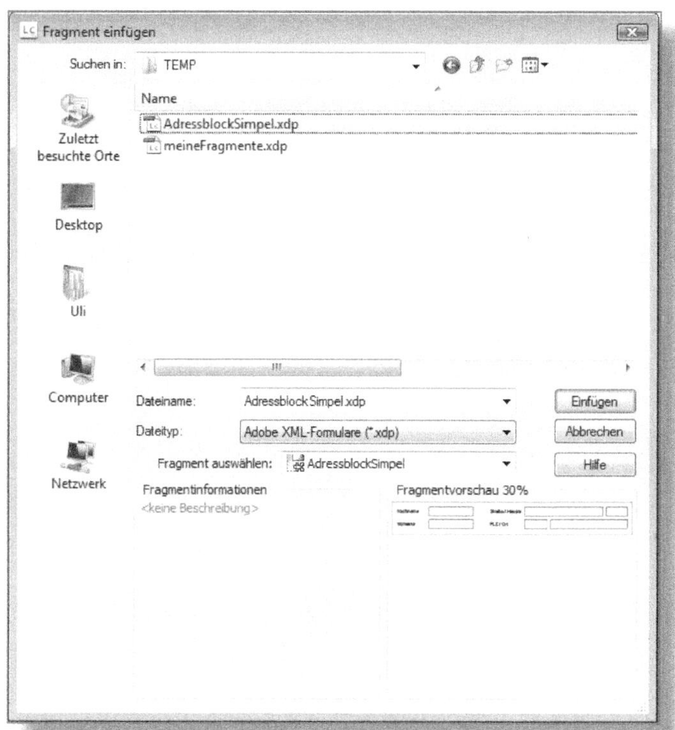

Abbildung 6.83: Auswahl eines Fragmentes

6.7.4 Ein Teilformular aus einem anderen Formular kopieren

Sie können bedenkenlos ein Teilformular mit Strg + C kopieren und in ein anderes Formular mit Strg + V wiedereinfügen. Alle Skripte und Objekteigenschaften (auch die Bindungen an Datenquellen) bleiben dabei erhalten.

Das ist definitiv eine bequeme, aber zugleich unregulierte Methode, Teilformulare wiederzuverwenden da Sie keinerlei Kontrolle darüber haben, ob Sie die aktuellste Variante dieses Teilformulars erwischen.

! Vorsicht bei Masterseiten

Sie können Teilformulare auch in Masterseiten kopieren. Hier gehen aber alle Bindungen verloren. Diese müssen Sie von Hand wieder eintragen.

Identisch positionieren

Oft möchte man ein kopiertes Teilformular exakt an derselben Stelle wie im Ursprungsformular positionieren. Sie haben dazu zwei Möglichkeiten:

1. Tragen Sie in den Objekteigenschaften im Reiter LAYOUT die identischen X- und Y-Positionen von Hand ein (Abbildung 6.84).

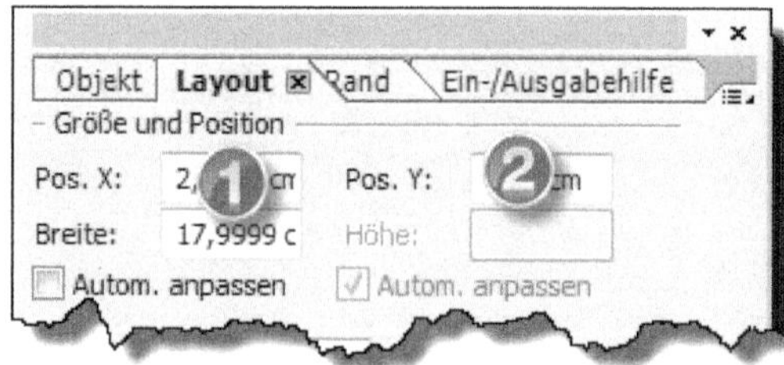

Abbildung 6.84: Koordinaten von Hand eintragen

2. Platzieren Sie im Originalformular in die oberste linke Ecke ein Rechteck, welches Sie gemeinsam mit dem gewünschten Teilformular kopieren.
   Im Zielformular fügen Sie erst einmal beide Objekte ein. Dann packen Sie diese – solange sie noch selektiert sind – und schieben sie in die oberste linke Ecke.
3. Nun löschen Sie das Rechteck wieder.

So gelangt ihr Teilformular (innerhalb des Inhaltsbereichs) an dieselbe Position.

Wenn die Inhaltsbereiche unterschiedliche Ränder haben, weicht die absolute Position natürlich auch ab. (Nur auf Masterseiten können Sie auch außerhalb eines Inhaltsbereichs platzieren.)

6.8 Formularseiten gezielt umbrechen

Bei dynamischen Formularen sorgen der Adobe Reader bzw. Acrobat dafür, dass die Seiten umgebrochen werden. Sie haben aber drei Möglichkeiten, um darauf Einfluss zu nehmen, an welcher Stelle genau die Seite umgebrochen wird:

1. Teilformulare ohne Seitenumbruch innerhalb des Teilformulars (Abbildung 6.85).

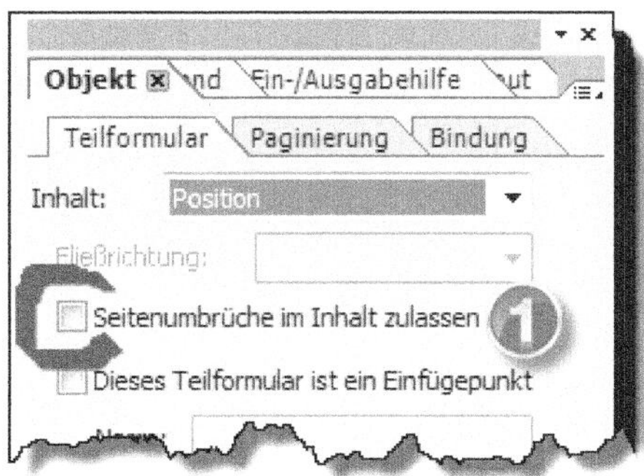

Abbildung 6.85: Seitenumbruch in einem Teilformular verhindern

2. Seitenumbruch zwischen Teilformularen vermeiden (Abbildung 6.86).

! »Seitenumbruch verhindern« funktioniert fast nie

Meist fügen Adobe Reader/Acrobat entgegen der Einstellung in Abbildung 6.85 trotzdem einen Seitenumbruch ein.

Gelegentlich führt ein Ankreuzen dieser Funktion zu unerwarteten Leerseiten oder Überlappungen.

☛ »Nicht trennen« heißt bei SAP »Seitenschutz«

Falls Sie es in Ihrem Designer nicht finden.

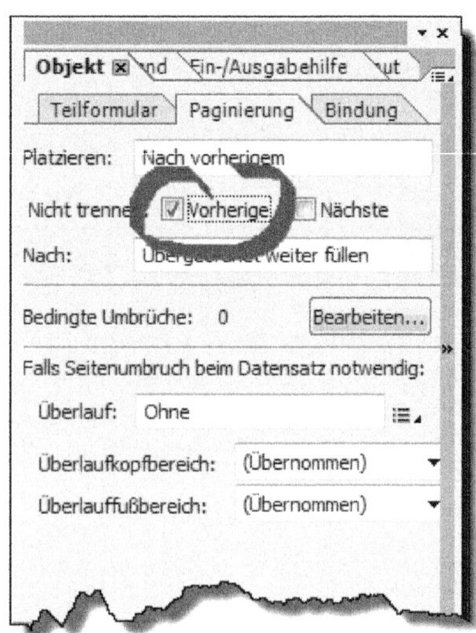

Abbildung 6.86: Mehrere Teilformulare bei Seitenumbrüchen zusammenhalten

3. Erzwungener Seitenumbrüche mit Bedingungen. Diese *bedingten Seitenumbrüche* funktionieren zuverlässig.

Gehen Sie wie folgt vor, um einen Seitenumbruch zu erzwingen:

1. Selektieren Sie in der Hierarchie ein sich wiederholendes Teilformular.
2. Wählen Sie die Palette OBJEKT • PAGINIERUNG ❶, und klicken Sie auf BEDINGTE UMBRÜCHE BEARBEITEN ❷ (Abbildung 6.87).

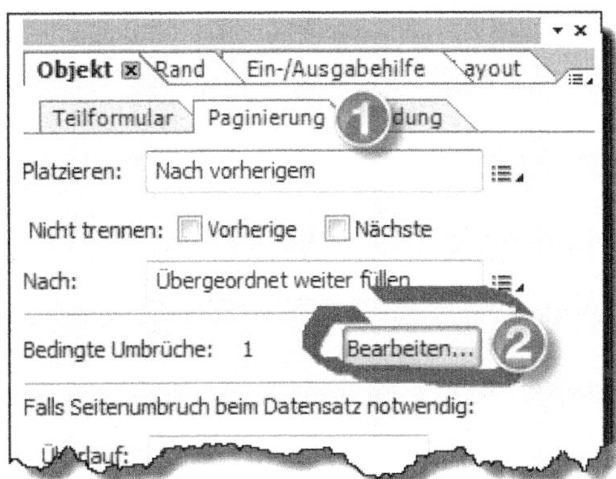

Abbildung 6.87: Seitenumbruch bei bestimmten Bedingungen einfügen

3. Fügen Sie über das Pluszeichen eine Bedingung hinzu ❶ (Abbildung 6.88).

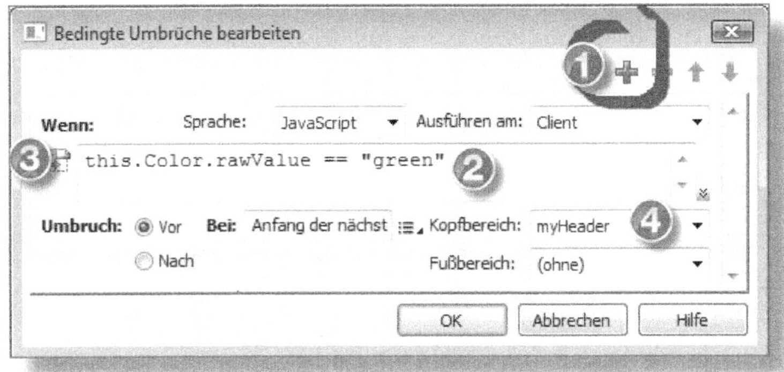

Abbildung 6.88: JavaScript-Bedingung im bedingten Umbruch

Die *Bedingung* sollte eine *JavaScript*-Bedingung ❷ sein, wie Sie sie auch in einer IF-Bedingung schreiben würden.

Sie können sich auch auf die Zeile darüber beziehen: mit `this.Color[-1].rawValue`.

Alternativ haben Sie die Möglichkeit, auf das Icon links von der Bedingung ❸ zu klicken und sich damit eine *Gruppenwechsel-Bedingung* generieren zu lassen: Jedes Mal, wenn sich in einer Spalte der Wert ändert, wird eine neue Seite begonnen.

Über das Feld KOPFBEREICH können Sie eine Kopfzeile ❹ nach jedem Seitenumbruch einfügen. Geben Sie dazu ein Teilformular Ihres Formulars an! Dieses Teilformular kann an beliebiger Stelle der Objekthierarchie stehen. Sollte es nicht sichtbar sein, können Sie es auch zu einem sich wiederholenden Teilformular ❶ machen: mit einer Bindung zu einem nicht existierenden Feld ❷ der Datenquelle (Abbildung 6.89).

Abbildung 6.89: Kopfzeile unsichtbar machen

Natürlicher Seitenumbruch mit Kopfzeile

Auch wenn Sie keinen Seitenumbruch erzwingen und den in Adobe Reader/Acrobat eingefügten akzeptieren, können Sie Kopf- und Fußzeilen nach jedem Seitenumbruch einfügen: Dort heißen sie ÜBERLAUFKOPFBEREICH und ÜBERLAUFFUSSBEREICH (Abbildung 6.90). Sie funktionieren aber genauso.

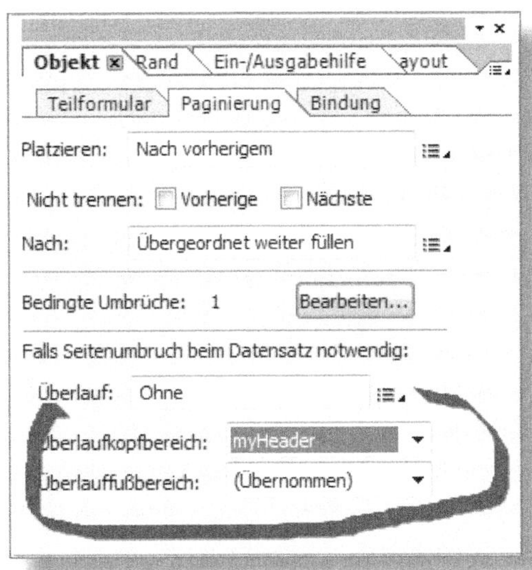

Abbildung 6.90: Kopf- und Fußzeilen für eine Tabelle (ein sich wiederholendes Teilformular) festlegen

Formatierung beim Seitenumbruch in einer Tabelle erhalten

Wenn Sie eine Tabellenzeile oder ein sich wiederholendes Teilformular mit mehreren Formularobjekten haben, müssen Sie den Seitenumbruch im Teilformular der Tabellenzeile zulassen, da sonst die ganze Tabelle nicht mehr umgebrochen wird. Der Adobe Reader bricht bei einem Seitenumbruch oft die unterste Zeile um, wodurch einige Formularobjekte der Zeile auf der vorigen und die übrigen auf der Folgeseite landen.

Beispiel

Die Tabellenzeile ERFAHRUNGEN enthält die Formularobjekte *laufendeNummer* und *Aufgabe* (Abbildung 6.91).

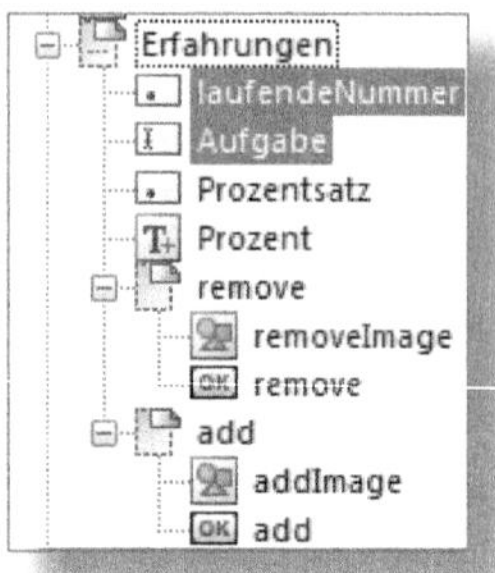

Abbildung 6.91: Tabellenzeile, die bei Seitenumbruch geteilt wird

Bei einem Seitenumbruch (hier bei: *laufendeNummer* »6«) bleiben das Formularobjekt *laufendeNummer* und ein Teil des umgebrochenen Textfeldes *Aufgabe* auf der Vorseite, während der Rest des Textfeldes *Aufgabe* auf der Folgeseite landet. Dort schiebt aber kein Feld *laufendeNummer* das Textfeld nach rechts. Es rutscht also nach links (Abbildung 6.92).

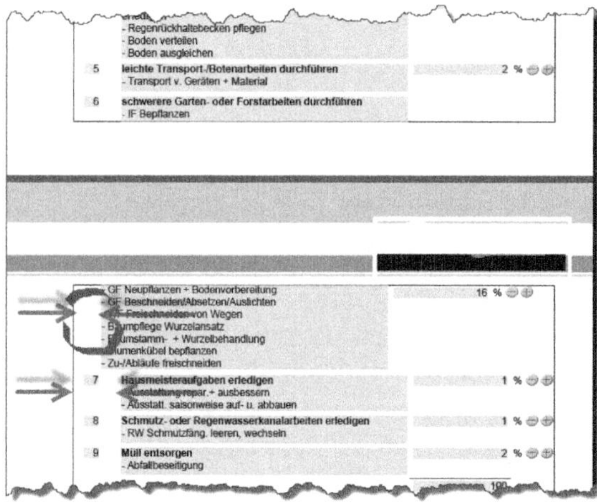

Abbildung 6.92: Seitenumbruch mitten in Tabellenzeile mit Verschiebung

Lösung

- Sie können das Teilformular der Tabellenzeile starr als Positions-Inhalt definieren (Abschnitt 5.3.7). Dann sind Sie zwar etwas weniger flexibel, aber die Formatierung bleibt erhalten.
- Sie umschließen die Objekte der Tabellenzeile mit einem weiteren Teilformular, bei dem Sie aber den Seitenumbruch verbieten. In Abbildung 6.93 ist das das Teilformular *myTableRow*. So bricht zwar die Tabelle, aber keine einzelne Zeile mehr um.

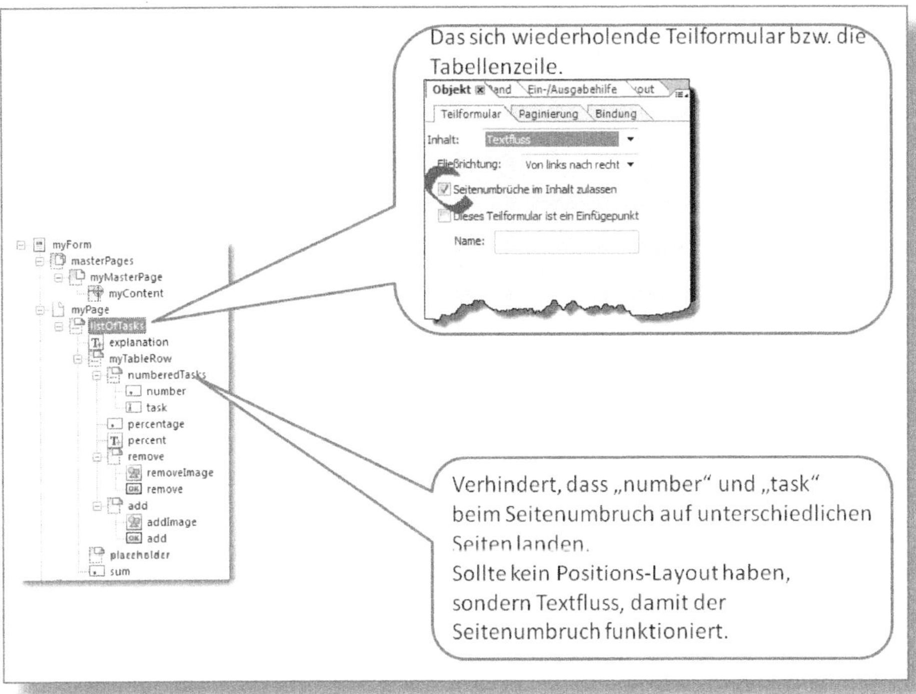

Abbildung 6.93: Tabellenzeile mit Textfluss-Inhalt und zusätzlichem umschließenden Teilformular

Textfelder nicht umbrechen

Falls Sie nur verhindern möchten, dass das Textfeld umgebrochen wird: Man kann den Seitenumbruch auch bei einem Textfeld verhindern (wenn Sie das nicht bereits bei einem der umschließenden Teilformularen unterbunden haben).

! Eigenartige Effekte bei Positions-Teilformularen

Ein *Positions-Teilformular* innerhalb einer Tabellenzeile kann bewirken, dass innerhalb der Tabelle kein Seitenumbruch mehr durchgeführt wird. Die komplette Tabelle rutscht dann auf die nächste Seite. Das ist nicht logisch und vermutlich ein Fehler von Adobe.

Arbeiten Sie dann ausschließlich mit *Textfluss-Teilformularen*.

6.9 Feldinhalte formatieren und kontrollieren

In den Objekteigenschaften von Feldern können Sie *Muster* festlegen. Es gibt sogar vier unterschiedliche Musterarten pro Feld. Jede dieser vier Musterarten dient einem ganz anderen Zweck – und doch hängen sie voneinander ab. Daher betrachten wir sie hier gemeinsam in einem Abschnitt.

Sie haben folgende Musterarten zur Verfügung:

A. **Anzeige**: verändert die Darstellung, wenn der Cursor nicht im Feld steht. So lässt sich etwa ein Währungszeichen einblenden, das der Anwender beim Eingeben von Zahlen nicht sieht. Sobald der Cursor in interaktiven Formularen im Feld steht, ist nicht dieses, sondern das Bearbeiten-Muster zuständig.
Das Anzeige-Muster ist das einzige Muster, das für Druckformulare relevant ist. Denn es formatiert den Feldinhalt, wie er gedruckt wird. Sie können z. B. die IBAN-Nummern mit Leerzeichen gruppieren. Diese Leerzeichen sind nicht in den Ausgangsdaten, sie werden nur für den Druck vom Anzeige-Muster eingefügt.

B. **Bearbeiten**: verändert die Darstellung nur dann, wenn der Cursor im Feld platziert ist. Somit spielen sie nur bei interaktiven Formularen eine Rolle.

C. **Überprüfen**: wirkt nach Verlassen des Feldes in interaktiven Formularen. Das Formular prüft dann, ob die eingegebenen Da-

ten dem Überprüfen-Muster entsprechen. Bei Fehleingaben gibt das Formular eine *Überprüfungsmuster-Meldung* mit dem Symbol einer Warnung aus (oder mit dem Fehlersymbol, falls man *Fehler* angeklickt hat.)
Überprüfen-Muster heben die Qualität der eingegeben Daten in interaktiven Formularen. Im Idealfall verhindern sie, dass fehlerhafte Daten in einem Feld eingegeben werden.
Bei Druckformularen spielt das Überprüfen-Muster keine Rolle.

D. **Daten**: formatiert die Daten, ehe sie als XML-Datei weitergeleitet werden.
Die Daten-Muster werden Sie selten benötigen. Sie legen damit die Syntax importierter Daten aus einer Datenverbindung fest und exportieren Datenformate, die die Datenquelle versteht.

Daten-Muster

Bei Kalenderdaten ist das voreingestellte Daten-Muster »D/M/YY«. Wenn in Ihrer XML-Datei die Kalenderdaten in einem anderen Format eingetragen werden, dann können Sie mit dem Daten-Muster dafür sorgen, dass auch diese als Kalenderdaten erkannt werden: Sie können dann z. B. »MMDDYYYY« eintragen.

! Musterarten kombinieren

Wenn mehrere Musterarten für ein Feld genutzt werden (z. B. ein Anzeige- und ein Bearbeiten-Muster), dann müssen Anzahl und Art der Musterzeichen zusammenpassen. Anderenfalls sieht man gar keine Daten, oder die Muster sind wirkungslos, ohne dass eine Fehlermeldung erscheint.

Bei Daten mit unterschiedlich vielen Stellen können Sie mehrere Muster mit einem senkrechten Strich (»|«) aneinanderhängen. Der Strich bedeutet: ODER. Beispiel: Sie möchten in einem Feld sowohl eine 22-stellige deutsche als auch eine 20-stellige österreichische IBAN-Nummer zulassen. Dann legen Sie für jedes Land jeweils ein Muster fest und verbinden anschließend beide Muster mit einem senkrechten Strich (»|«).

6.9.1 Muster für Textfelder

Der Muster-Platzhalter ...	steht für:
A	einzelner Buchstabe
X	einzelnes Zeichen
O	einzelnes alphanumerisches Zeichen
0	einzelnes alphanumerisches Zeichen
9	einzelne Ziffer
?	beliebiges Zeichen (bei Anzeigemuster wird es ein Leerzeichen)
*	0 oder 1 Unicode-Zeichen
+	mehrere Unicode-Zeichen

Tabelle 6.2: Textmuster

So steht z. B. »99999« für eine deutsche Postleitzahl aus fünf Ziffern.

6.9.2 Muster für Zahlenfelder

Der Muster-Platzhalter ...	... steht für:
9	Ziffer. Bei Anzeige »0«, falls das Feld leer ist oder nicht alle vorgegebenen Nachkommastellen eingegeben wurden.
z oder Z	Ziffer. Führende Nullen werden nicht dargestellt.
s	Minuszeichen bei negativen Zahlen
S	Minuszeichen bei negativer Zahl, Leerzeichen bei positiver Zahl
E	Exponentialsymbol (gewöhnlich »E«)
$	Währungssymbol (je nach Landeseinstellung)
.	Dezimalpunkt
,	Tausender-Trennzeichen

Tabelle 6.3: Zahlenmuster

Besonderheit bei mobilen Geräten

Bei Formularen für mobile Geräte (Tablets) werden, wenn mehr Ziffern eingegeben werden als im Muster angegeben sind, die Zahlen in der englischen Notation geschrieben (z. B. Dezimalpunkt statt Dezimalkomma).

6.9.3 Muster für Kalenderdaten

Der Muster-Platzhalter ...	... steht für:
D	Tag, einstellig
DD	Tag, zweistellig
J	Tag des Jahres, 1–3-stellig
JJ	Tag des Jahres mit führenden Nullen, 3-stellig
M	Monat, einstellig
MM	Monat mit führenden Nullen
MMM	Monatsname, abgekürzt
MMMM	Monatsname, ausgeschrieben
E	einstelliger Tag der Woche als Zahl (»1« = Sonntag)
EEE	Wochentag, abgekürzt
EEEE	Wochentag, ausgeschrieben
YY	Jahr, zweistellig
YYYY	Jahr, vierstellig
G	v. Chr. oder n. Chr.
w	Wochennummer des Monats
WW	Wochennummer des Jahres, zweistellig

Tabelle 6.4: Kalenderdatenmuster (ohne Uhrzeiten)

Bekanntlich gibt es eine enorme Vielfalt an Möglichkeiten, wie Kalenderdaten eingegeben werden.

Das kann beim Bearbeiten-Muster zu einem echten Problem führen: Der Kunde/Benutzer soll das Datum eingeben können, wie er es gerade wünscht. Anschließend möchten Sie aber das eingegebene Datum Ihren Wünschen gemäß formatieren. Mit einem einzigen Bearbeiten-Muster kommen Sie da nicht weiter.

Geben Sie daher alle Bearbeiten-Muster gleichzeitig an, die Sie für die Eingabe zulassen möchten. **Gehen Sie dazu wie folgt vor:**

1. Markieren Sie mit gedrückter `Strg`-Taste alle geeigneten Bearbeiten-Muster (Abbildung 6.94). Jedes selektierte Bearbeiten-Muster wandert so automatisch in den langen Muster-String.

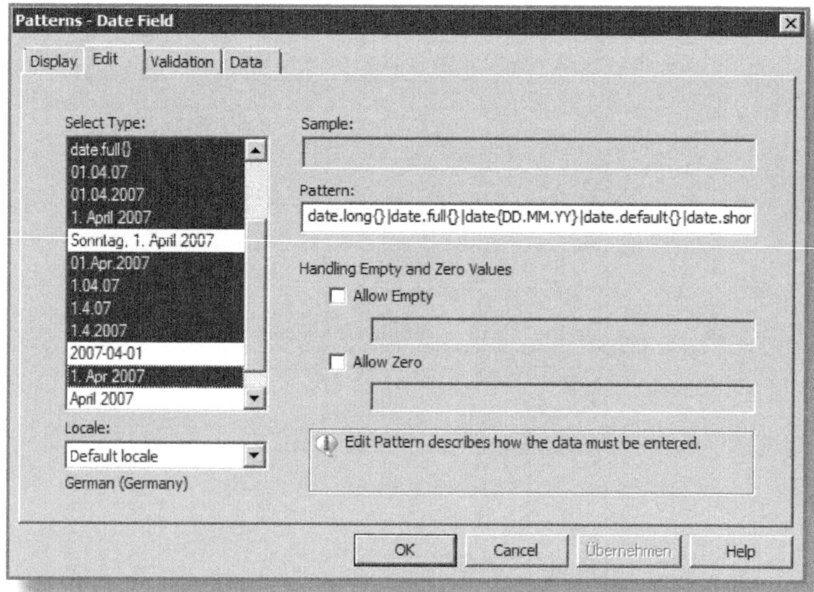

Abbildung 6.94: Mehrere Bearbeiten-Muster gleichzeitig auswählen

2. Gehen Sie den langen Muster-String durch, und suchen Sie nun dasjenige Bearbeiten-Muster aus, mit dem das Datum dargestellt werden soll, wenn der Cursor das Kalenderdaten-Feld erreicht. Dieses Bearbeiten-Muster verschieben Sie in dem langen Muster-String nach vorn. In diesem Beispiel ist es *date.long{}*.

6.10 Ein Formular flexibel gestalten

Es ist gelegentlich recht aufwendig, ein XDP-Template zu gestalten. Daher möchten Sie es natürlich auch möglichst oft und lange einsetzen können.

Außerdem lässt sich anfangs gar nicht immer sagen, was ein Formular am Ende überhaupt enthalten soll. Das hängt dann sehr von den Daten ab. Wenn eine Sparkasse ein Formular erstellt, um die Vermögensaufteilung und Anlagepotenziale ihrer Kunden aufzulisten, dann wird man dort bei einem Kunden ein Kapitel über Immobilienbesitz sehen wollen und beim nächsten über Private-Equity-Beteiligungen.

Die Frage, die in solchen Fällen oft auftaucht, ist: Kann ich meine Formulare so flexibel gestalten, dass sie sich den zukünftig auftretenden Fällen anpassen?

Die Antwort ist glücklicherweise: ja!

Das Formular sieht dann je nach einfließenden Daten jedes Mal komplett anders aus. Das Thema »Datenversorgung« wird in dem Buch »Expertentipps für SAP Interactive Forms und Adobe LiveCycle Designer« von Espresso Tutorials ausgiebig behandelt. Daher hier nur ein paar Stichworte, die Ihnen helfen, ein Formular auf Flexibilität zu trimmen.

Ganz wichtig: Verwenden Sie nirgends ein Textobjekt, sondern ausschließlich Textfelder, ggf. mit einem Standardwert! Textfelder können später mit Daten versorgt werden. Textobjekte sind hingegen starr. Das Beispiel in Abbildung 6.95 zeigt beispielsweise, dass auch die Überschriften (»header«) als Textfelder angelegt wurden.

Gelegentlich trifft man auf Formulare, die im LiveCycle Designer vollständig weiß sind. Erst durch die Daten wird überhaupt erkennbar, was das Formular darstellen soll.

Das Formular sollte zudem konsequent aus Blöcken bestehen, die man bei Bedarf wiederholen kann (Stichwort: »sich wiederholende Teilformulare«).

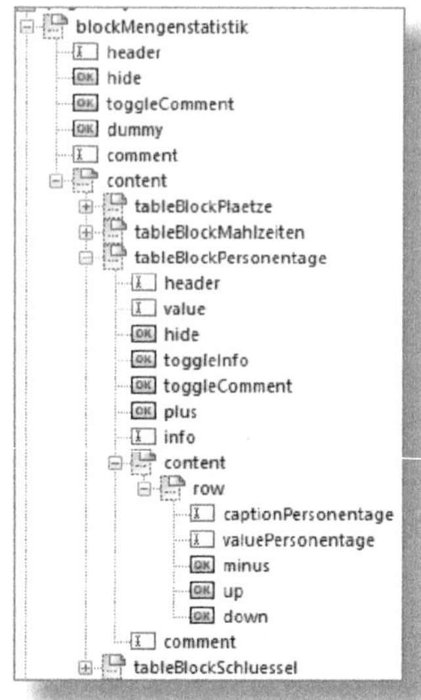

Abbildung 6.95: Hierarchie mit Textfeldern statt Textobjekten

Ein weiteres Stichwort, das in diesem Zusammenhang bedeutsam ist, lautet »Teilformularsatz«. Sie können eine Gruppe von mehreren Blöcken definieren. Abhängig von den Daten wird aber immer nur einer dieser Blöcke dargestellt.

Ein XDP-Template generieren

Womöglich kennen Sie auch folgende spezielle Anforderung: Sie benötigen hunderte von ähnlichen, aber doch voneinander abweichenden Formularen. Wenn etwa ein Pharmaunternehmen eine große Zahl an möglichen Medikamenten testet, müssen pro Substanz sehr spezifische, aber jedes Mal andere potenzielle Wirkungen abgefragt werden.

In solchen Fällen ist es möglich, die XDP-Templates direkt zu generieren. XDP-Templates sind letztlich auch nur XML-Dateien. Mit detaillierten Kenntnissen über den Aufbau dieses XML können Sie funktionierende neue XDP-Templates z. B. aus einer Datenbank erzeugen.

Der Aufwand für das Generatorprogramm ist allerdings recht hoch. Wenn es Ihnen gelingt, ein einziges, sehr flexibel gestaltetes Template zu erstellen, dann wäre das auf jeden Fall vorzuziehen.

7 Ein Formular beim Anwender einsetzen

In einem Softwareprojekt kommt gegen Ende die Phase der Bereitstellung- bzw. Inbetriebnahme (Deployment, Rollout). Die Software wird dann im Produktivsystem installiert und für alle Anwender zugänglich gemacht. Genau diese Phase in einem Formularprojekt betrachten wir in diesem Kapitel. Sie kann über den Erfolg Ihres Formularprojekts entscheiden.

Vor dem Beginn der Anwendertests und dann noch einmal vor dem Rollout des Formulars sollten Sie Ihr Formular einer Qualitätssicherung unterziehen.

Checkliste

Gehen Sie die folgende Checkliste vor dem Systemtest und vor dem Rollout systematisch durch:

- Öffnen Sie unter dem Menüpunkt FENSTER • BERICHT (in SAP: PALETTEN • BERICHT) das Fenster mit den WARNUNGEN. Ihr Formular sollte keine Warnungen enthalten – selbst wenn das PDF später scheinbar gut funktioniert. Denn jede Warnung kann in selteneren Konstellationen trotzdem zu einem Fehler führen. Oder der Fehler tritt erst auf, wenn ein Kollege ein Detail an Ihrem Formular ändert. Es ist durchaus möglich, auch sehr große Formulare vollständig warnungsfrei zu entwickeln. Suchen Sie bei jeder Warnung nach ihrem Grund!
- Haben Sie in den Formulareigenschaften den Info-Reiter ausführlich ausgefüllt?
- Haben Sie die Tab-Reihenfolge kontrolliert?
- Haben Sie alle Felder mit besonders langen Feldinhalten getestet? (Der Buchstabe »M« ist sehr breit.) Haben Sie versucht, nicht typgerechte Daten einzugeben (Integer oder Strings in Datumsfelder etc.)?

- Haben Sie das Formular (falls nötig) mit Reader Extensions ausgestattet?

Testen

Testen Sie Ihr fertiges, auslieferbereites PDF ausgiebig.

Geben Sie Ihr Formular wenigen ausgewählten Testanwendern zum Erproben. Die entdecken garantiert mehr und ganz andere Fehler, als Sie je finden würden!

- Testen Sie nicht in der PDF-Vorschau des LiveCycle Designers; öffnen Sie das PDF vielmehr mit einem PDF-Viewer.
- Funktioniert Ihr Formular mit allen PDF-Viewern, die für Ihr Formular verlangt werden?
- Geben Sie in jedes Formularfeld besonders lange und solche Werte ein, die nicht dem Datentyp oder dem Anzeige-/Prüfmuster entsprechen.
- Prüfen Sie bei Buttons und Scripting-Logik auf dem Formular möglichst viele unterschiedliche Abfolgen von Feldbefüllungen und Button-Klicks.

7.1 Aus dem XDP-Template ein verwendbares Formular machen

Format wählen

Aus XDP-Templates können Sie mehrere Formate erzeugen:

- **PDF** – Hier haben Sie schon beim Erstellen des XDP-Templates eingestellt, ob es ein dynamisches oder ein Druck-PDF sein soll. Zudem gibt es das zur Archivierung geeignete PDF/A, das aber nicht dynamisch sein kann.

- **HTML5** – Dies ist das Format für Tablets (die keine dynamischen PDFs darstellen können). Es funktioniert aber leider nur mit einem FormServer. Sie können kein HTML5-Formular als Datei verteilen. Der Designer bietet Ihnen neben PDF auch HTML5 als mögliche Vorschau-Variante. Im Designer funktioniert das ebenfalls nur, wenn Sie ihn mit einem FormServer verbinden.

Wenn Sie in einem Umfeld arbeiten, in dem der FormServer eingesetzt wird (z. B. SAP), müssen Sie sich keine großen Gedanken machen: Sie machen das neue XDP-Template Ihrem FormServer »bekannt«, wie es Ihr Administrator Ihnen gezeigt hat. Der Einsatz des FormServers würde ein eigenes Buch füllen – daher belassen wir es an dieser Stelle bei diesem Hinweis.

Adaptive Forms

Adobe bietet neben dem LiveCycle Designer einen zweiten Designer an, der ein anderes als das XDP-Template-Format produziert. Diese Templates heißen *Adaptive Forms*. Sie sind gedacht für spezielle HTML5-Formulare, die sich automatisch an die Bildschirmbreite anpassen können. (Die HTML5-Formulare, die Sie aus XDP-Templates erzeugen können, beherrschen diese Anpassung nicht.)

XDP-Templates lassen sich in Adaptive-Forms-Templates konvertieren. Zudem können Sie das neue Adaptive-Forms-Format an XDP-Templates »binden«, um die ganze Backoffice-Infrastruktur für PDF-Formulare nutzen zu können, die auf XDP basiert. Sie pflegen dann die Adaptive Forms immer parallel zu den XDP-Templates.

7.2 Reader Extensions

Der kostenpflichtige Acrobat stellt Ihnen selbstverständlich weitaus mehr Optionen für den Umgang mit PDFs zur Verfügung als der kostenlose Adobe Reader. Mit dem Acrobat können Sie Formulare signieren, Daten aus Webservices beziehen, Kommentare an statische PDFs hängen etc. All das geht mit dem Adobe Reader eigentlich nicht.

Sie können aber einem PDF sogenannte *Reader Extensions* hinzufügen. Dadurch können Adobe-Reader-Benutzer mit diesem einen PDF genauso viel machen wie mit dem Acrobat.

Es gibt zwei Wege, wie Sie ein PDF mit *Reader Extensions* verbinden können:

- Eine Teilmenge der Reader Extensions können Sie mit dem Acrobat hinzufügen. (Details dazu finden Sie in den AGB des Acrobat!)
  Sie benötigen dazu nur einmal kurz Zugang zu einem Acrobat. Das anschließende PDF kann mit seinen Reader Extensions von jedem Adobe Reader verwendet werden.
- Wenn Sie von Adobe Reader Extensions beziehen (weil Sie z. B. Papier-Barcodes nutzen möchten), erhalten Sie dazu ein Tool, das PDFs bequem mit diesen zusätzlichen Rechten ausstattet.

Die in Tabelle 7.1 dargestellten Aktionen lassen sich im Adobe Reader nur durchführen, wenn das PDF mit zusätzlichen Reader Extensions ausgestattet wurde.

Legende:

- In Spalte A ist vermerkt, ob Acrobat diese Reader Extension setzen kann.
- In Spalte R ist vermerkt, ob der Adobe Reader XI diese Fähigkeit auch ohne zusätzliche Reader Extensions besitzt.

Reader Extension	Bedeutung	A	R
FormFillInAnd-Save	In Formularfeldern eingegebene Daten speichern (bei Adobe Reader-Versionen bis einschließlich Version 10; ab Version 11 kann das der Adobe Reader bei Acrobat-PDF auch ohne Reader Extensions – nicht aber bei XFA-PDF).	ja	ja
FormImport-Export	Daten von FDF-, XFDF-, XML- oder XML-Dateien importieren bzw. exportieren.	(ja)	nein. (nur Import über Scripting)
FormAddDelete	Hinzufügen, Ändern oder Löschen von Feldern oder Feldeigenschaften im PDF-Formular.	(ja)	ja
SpawnTemplate	Im selben PDF weitere Seiten aus Templates erzeugen.	nein	ja
Signing	Ein PDF in einem Unterschriftsfeld signieren. Und: Ein PDF unabhängig von einem Unterschriftsfeld signieren (das geht aber nie bei XFA-PDFs, nur bei statischen Acro-PDFs und auch nur in Adobe Reader-Versionen ab Version 8).	ja	nein
AnnotModify	Anmerkungen (Kommentare und Grafikmarkierungen) im Dokument erzeugen und ändern.	ja	ja
AnnotImport-Export	Anmerkungen in einer separaten Datei speichern oder daraus einfügen.	(ja)	ja
BarcodePlaintext	PDF mit unverschlüsselten zweidimensionalen Paper-Barcodes drucken. Eine Serversoftware muss somit nicht lizenziert werden, um die Barcodeinhalte (wieder?) zu lesen. Weitere zweidimensionale Barcodes, die nicht zu den Paper-Barcodes zählen, benötigen diese ReaderExtension nicht.	nein	nein
FormOnline	Mit Webservices oder Datenbanken verbinden, die im PDF festgelegt sind.	nein	nein
EFModif	Im PDF eingebettete Dateien ändern.	nein	nein

Tabelle 7.1: Überblick über Reader Extensions

Die Reader Extensions »AnnotOnline« und »SubmitStandalone« sind der Vollständigkeit halber mit aufgeführt; sie spielen aber heute keine Rolle mehr.

Reader Extensions testen

Um für Ihr Formular zu überprüfen, ob sich der Erwerb von Reader Extensions lohnt, können Sie diese vorher testen. Sie benötigen dazu zweierlei:

- Einen Reader-Extensions-Server: Den konnte man früher separat als Stand-Alone-Tool herunterladen. Derzeit gibt es ihn aber nur noch als Teil der LiveCycle-Enterprise-Suite.
- Ein Test-Zertifikat, das Sie im Reader-Extension-Server installieren.

Fazit: Geht es nach Adobe, so sollten Sie einen vom Unternehmen lizenzierten LiveCycle-Händler kontaktieren, um diesen zu überreden, Ihnen eine Testinstallation für Reader Extensions bereitzustellen: *http://www.adobe.com/de/products/request-consultation/marketing-cloud.html* oder *https://www.eggs.de/en.html*.

! Gültigkeit von Weblinks

Generell lässt sich sagen: Alle Informationen, die sich auf Adobe-Webseiten und auf die Adobe-Verkaufspolitik beziehen, gelten maximal drei Monate.

Acrobat Reader Extensions oder gekaufte Reader Extensions?

Wenn Sie mit dem Acrobat Reader Extensions hinzufügen, dann ...

- haben Sie weiterhin keine 2-D-Barcodes zur Verfügung.
- Es gab lange die Regel, dass nur max. 500 Personen das Formular zurückschicken dürfen, bzw. Sie dürfen es an max. 500 Ihnen namentlich bekannte Personen schicken, die es

beliebig oft zurückschicken. Diese Vorschrift gilt derzeit nicht mehr.

Sollten Ihnen diese Acrobat Reader Extensions nicht ausreichen, können Sie von Ihrem Adobe-Händler spezielle Reader Extensions pro Formular erwerben und mithilfe eines zusätzlich zu installierenden Tools Ihr Formular damit ausstatten.

Es gibt keine Alternativen zu Reader-Extension-Zertifikaten von Adobe, falls die folgenden Reader Extensions benötigt werden:

- BarcodePlaintext,
- FormOnline,
- EFModif.

Firmen wie Datalogics bieten aber Tools an, mit denen man diese Reader Extensions auch ohne komplette LiveCycle-Server-Infrastruktur hinzufügen kann.

Reader Extensions hinzufügen

Gehen Sie wie folgt vor, um mit Acrobat Reader Extensions an ein PDF anzubringen:

1. Speichern Sie Ihr Formular mit dem LiveCycle Designer als (statisches oder dynamisches) PDF.
2. Öffnen Sie das PDF im Acrobat Pro.
3. Speichern Sie das PDF im Acrobat Pro als PDF MIT ERWEITERTEN READER-FUNKTIONEN, bei dem Sie WEITERE WERKZEUGE AKTIVIEREN.
4. Geben Sie dieser Version des PDFs unbedingt einen neuen Namen, denn sonst können Sie die Formularfelder des (statischen) PDFs nicht mehr mit dem Acrobat Pro bearbeiten (wenngleich Sie das vermutlich ohnehin eher mit dem LiveCycle Designer machen würden).

7.3 PDF-Viewer auswählen

Natürlich benötigt man immer ein Programm, um PDFs am Bildschirm anzusehen. Die Programme teilen sich in drei große Gruppen:

- eigenständige Programme (die auf Windows-, Apple- oder Linuxrechnern installiert werden),
- Viewer-Plug-ins in Web-Browsern,
- Apps für iOS, Android oder Windows-Tablets.

Mit großem Abstand am weitesten verbreitet ist der kostenlose Adobe Reader aus der ersten Kategorie.

Prüfen Sie aber sicherheitshalber, welche PDF-Viewer die Empfänger Ihres Formulars tatsächlich nutzen können; dazu können ganz unterschiedliche Vorgaben existieren:

- In einigen Institutionen sind alle Empfänger mit dem Acrobat Professional ausgestattet, für den teilweise auch sehr kostengünstige Rahmenverträge erhältlich sind. Das gibt Ihnen die Chance, alle Möglichkeiten des Acrobat im Formular zu nutzen (z. B. Webservice-Aufrufe).
- Andere Institutionen geben vor, dass die Formulare auch mit bestimmten, selten verwendeten PDF-Viewern nutzbar sein sollen. Diese PDF-Viewer beherrschen allerdings nicht immer das volle Spektrum aller PDF-Typen. Viele von ihnen können z. B. nur statische Acro-PDFs darstellen. Prüfen Sie daher zu Beginn Ihres Formularprojekts, ob es solche PDF-Viewer-Vorschriften bei Ihren Formularnutzern gibt! Testen Sie Ihr Formular ausgiebig mit all diesen PDF-Viewern.

Eigenständige Programme

Die in Tabelle 7.2 dargestellten PDF-Viewer werden hin und wieder eingesetzt. Ihre Verbreitung liegt aber teilweise nur im Promille-Bereich. Trotzdem können sie bei bestimmten Benutzergruppen vorkommen und sind daher nicht zu vernachlässigen:

Dieser PDF-Viewer ...	... stellt statische XFA-PDF dar	... stellt dynamische XFA-PDF dar	Bemerkung
Adobe Reader	ja	ja	▶ nicht mehr für Linux ▶ Version 9.4.2 ist noch herunterladbar
Acrobat	ja	ja	▶ kostenpflichtig
Foxit (Version 6.2)	ja	ja	▶ Manko: Foxits GUI weicht erheblich von den Windows-Konventionen ab ▶ für Linux nur eine veraltete Version
Evince (Version 2.32)	ja	nein	
Okular	k. A.	k. A.	▶ nur für Linux (bzw. für KDE-Umgebungen, die man auch auf Windows installieren könnte) Diese Informationen stammen ausschließlich von der Webseite *http://okular.kde.org/formats.php*.
Nitroreader	k. A.	k. A.	k. A.
PDF-XChange Viewer	k. A.	k. A.	nicht für Linux

Tabelle 7.2: Installierte PDF-Viewer

Viewer-Plug-ins in Webbrowsern

Nur das »Adobe Acrobat«-Plug-in kann XFA-PDF korrekt in Webbrowsern darstellen. Es basiert auf der Netscape-Schnittstelle NPAPI, die nicht mehr lange von den Browser-Herstellern unterstützt wird. Der Internet Explorer wird das Plug-in voraussichtlich noch am längsten unterstützen, da es hier die ActiveX-Schnittstelle nutzt. Derzeit sieht es nicht danach aus, als ob Adobe ein Nachfolge-Plug-in bereitstellen würde.

Die Browser-Hersteller integrieren eigene PDF-Viewer in ihre Browser. Die sind aber bislang allenfalls eingeschränkt für XFA-PDF nutzbar. Im

Browser selbst wird man zukünftig daher keine interaktiven XFA-PDFs bearbeiten können.

PDF-Viewer-Apps

Die in Tabelle 7.3 dargestellten PDF-Viewer-Apps werden hin und wieder eingesetzt.

Dieser PDF-Viewer ...	... stellt statische XFA-PDF dar	... stellt dynamische XFA-PDF dar	Bemerkung
Adobe Reader	ja	nein	Dokumente können über *cloud.adobe.com* in die App gelangen.
Foxit PDF	ja	nein	Dokumente können (kostenpflichtig) per Drop-Box in die App gelangen.
PDF Expert	ja	nein	
GoodReader	kaum	nein	keine ausfüllbaren Formulare
PDF Reader Pro	k. A.	k. A.	k. A.
Notable PDF	k. A.	k. A.	k. A.

Tabelle 7.3: Installierte PDF-Viewer-Apps

7.4 Webbrowser einstellen

Weisen Sie Ihre Anwender darauf hin, dass die internen PDF-Viewer von *Firefox* und *Chrome* keine XFA-PDFs darstellen können! Sie müssen diese Browser dazu bringen, stattdessen den Adobe Reader zu verwenden.

Firefox konfigurieren

Gehen Sie wie folgt vor, um den Internetbrowser Firefox zu konfigurieren, sodass er XFA-PDFs darstellen kann:

1. Klicken Sie im Firefox auf das Menü-Icon oben rechts (Abbildung 7.1).

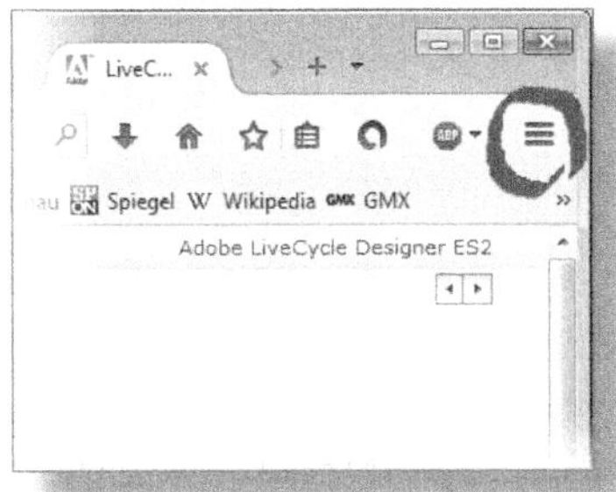

Abbildung 7.1: Icon für Einstellungen im Firefox

2. Klicken Sie im Menü auf EINSTELLUNGEN.

3. Im Reiter ANWENDUNGEN suchen Sie nach *PDF* (Abbildung 7.2).

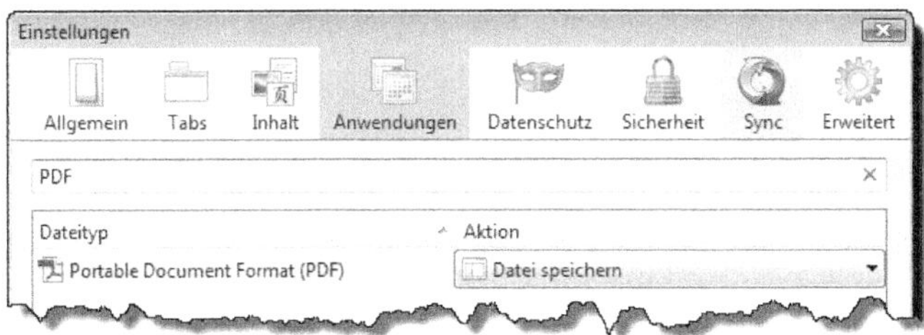

Abbildung 7.2: PDF-Anwendung in Firefox-Einstellungen

4. Im Drop-down-Menü unter AKTION wählen Sie ADOBE ACROBAT VERWENDEN (Abbildung 7.3).

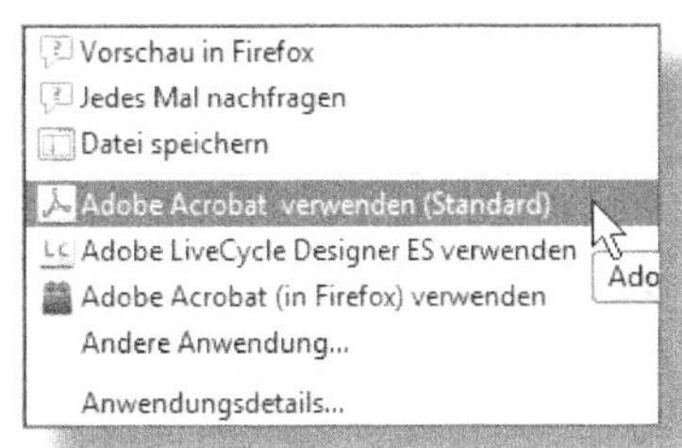

Abbildung 7.3: Adobe Acrobat als PDF-Viewer vorgeben

5. Starten Sie Ihren Firefox nun erneut.

Chrome konfigurieren

Gehen Sie wie folgt vor, um Chrome so zu konfigurieren, dass es XFA-PDFs darstellen kann:

1. Gehen Sie in Chrome zu *chrome://plugins/*.
2. Schalten Sie beim Plugin CHROME PDF VIEWER den Viewer ab, indem Sie DISABLE anklicken. Schalten Sie parallel dazu den Adobe Reader im ADOBE-PDF PLUG-IN aktiv (Abbildung 7.4).

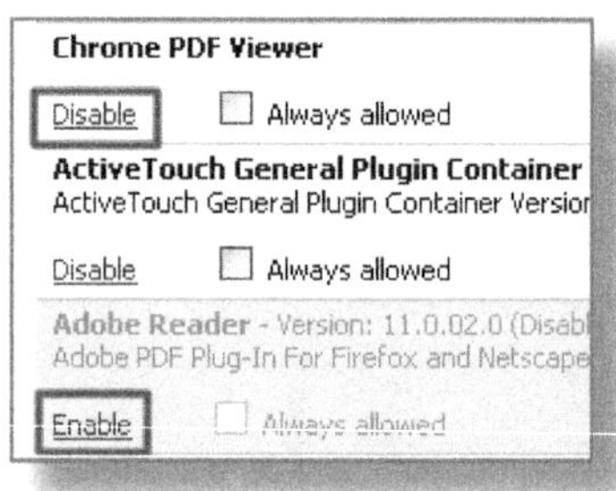

Abbildung 7.4: Chrome konfigurieren

7.5 Ein Formular ausfüllen

Punkte einfügen

Anwender, die Aufzählungslisten in Formularfelder schreiben möchten, gehen wie folgt vor: Den Bullet Point »•« können Sie mit [Alt] + [7] einfügen. Wichtig ist aber, dass Sie die [7] von der Zifferntastatur verwenden. Die [7] oberhalb der Buchstaben-Tasten funktioniert hierfür nicht.

8 Mehr Informationen finden

Die Online-Hilfe des LiveCycle Designers ist ausgesprochen gut. Es lohnt sich, öfter mal `F1` zu drücken!

Quellen im Internet

Adobe ist eine hochdynamische Firma. Das Angebot auf den Webseiten ändert sich ständig und auch Links haben selten lange Bestand, da ein Relaunch den nächsten jagt. Trotzdem sollen einige Quellen aufgelistet werden (Tabelle 8.1):

Information	URL
LiveCycle ES – Forum von Adobe (nur noch zum Recherchieren, nicht mehr aktiv.)	*https://experienceleaguecommunities.adobe.com/t5/adobe-livecycle/ct-p/adobe-livecycle-community*
LiveCycle ES – Forum von Google (nicht sehr aktiv)	*http://groups.google.com/group/livecycle*
Aktueller Überblick über Versionen und Produkte	*https://www.eggs.de/de/products/forms/developer-view.html*
LiveCycle ES2 – Designer Scripting Basics	*http://help.adobe.com/en_US/livecycle/10.0/DesignerScriptingBasics/WS92d06802c76abadb-26d7020812a9234933d-8000.html*
Acrobat – Developer-Center	*https://opensource.adobe.com/dc-acrobat-sdk-docs/acrobatsdk/*
Stefan Cameron on Forms: Connecting a Form to a Database	*http://forms.stefcameron.com/2006/09/18/connecting-a-form-to-a-database/*

Information	URL
Stefan Cameron on Forms: Displaying All Records from an ODBC Data Connection	*http://forms.stefcameron.com/2006/10/12/displaying-all-records-from-an-odbc-data-connection/*
SAP-Forum, in dem auch Formularprobleme diskutiert werden	*http://scn.sap.com/community/developer-center/content*
Acronaut – ein sehr aktives Forum	*https://www.acronaut.de/*
Wiki von René Eberstein	*https://www.berater-wiki.de/Hauptseite*

Tabelle 8.1: Quellen im Internet

Bücher

Tabelle 8.2 zeigt Ihnen einige Bücher, die wir rund um das Thema »LiveCycle Designer« empfehlenswert finden.

Wenn Sie ...	..., dann empfehlen wir dieses Buch:
in das Scripting einsteigen oder mehr über die Datenversorgung (XML) und Datenbindung von Formularfeldern erfahren wollen	Ulrich Bähr, Axel Treusch: Expertentipps für SAP Interactive Forms und Adobe LiveCycle Designer; 2018, Espresso Tutorials; ISBN 978-3-960126-30-0
mehr über das Scripting erfahren wollen und insbesondere an einer Einführung für Laien interessiert sind	Ulrich Bähr: LiveCycle Designer ES2 und SAP Interactive Forms – Scripting für Nicht-Programmierer; 2012, mitp-Verlag; ISBN 978-3-8266-9180-5
Formulare unter SAP nutzen	Hauser, Deutesfeld, Rehmann, Szücs: SAP Interactive Forms by Adobe; 2011, Galileo-Verlag; ISBN 978-3-8362-1634-0

Wenn Sie ...	..., dann empfehlen wir dieses Buch:
tief einsteigen möchten in Acrobat- und XFA-Formulare (und bereit sind, englische Bücher zu lesen)	Padova, Okamoto: PDF Forms Bible – Using Acrobat and LiveCycle Designer; 2009, Wiley Publishing; ISBN 978-0-470-40017-3
die einzelnen Menüpunkte, Fenster etc. einer älteren Version des LiveCycle Designers in gedruckter Form erklärt bekommen möchten (quasi eine Online-Hilfe in Buchform)	Brand, Brand: Adobe LiveCycle Designer ES – Das Praxisbuch; 2009, smartBooks; ISBN 978-3-908497-94-3
ein Buch, wie die vorliegende Kurzeinführung, auf Englisch lesen möchten (ist nicht die Übersetzung!)	Smith: Foundation Form Creation with Adobe LiveCycle Designer ES; 2010, Apress; ISBN 978-1-4302-1003-0

Tabelle 8.2: Bücher zum LiveCycle Designer

Sie haben das Buch gelesen und sind mit unserem Werk zufrieden? Bitte schreiben Sie uns eine Rezension!

Unser Newsletter

Bleiben Sie stets informiert!

Aktuelle Neuerscheinungen und exklusive Rabattaktionen einmal im Monat per Mail direkt an Sie:

Melden Sie sich noch heute an unter

http://newsletter.espresso-tutorials.de.

A Die Autoren

Ulrich Bähr ist Digitalisierungsberater und optimiert Prozesse in Verwaltungen und Büros. Als Trainer für Adobe LiveCycle ES bietet er Inhouse-Kurse für dynamische PDF-Formulare (SAP-Interactive Forms) an.

Er zeigt Firmen und Behörden, wie sie ihre Ziele (Effizienz, Revisionssicherheit, Nachprüfbarkeit von Entscheidungen, Platzersparnis etc.) kostengünstig erreichen können. Dazu optimiert er Geschäftsprozesse (BPM), erarbeitet geeignete Ausschreibungsunterlagen und realisiert zudem Konzepte, indem er Workflows und DMS-Lösungen entwickelt sowie Event-Skripte programmiert.

Ulrich Bähr ist Autor der Bücher: »Expertentipps für SAP Interactive Forms und Adobe LiveCycle® Designer« und »Adobe LiveCycle® Designer ES2 und SAP Interactive Forms: Scripting für Nicht-Programmierer« und ist erreichbar unter *www.paperless-process.de*.

Axel Treusch studierte Informatik (Dipl.-Ing. FH) und arbeitet heute als freiberuflicher SAP-Trainer. Sein Spezialgebiet sind die SIFbA (SAP Interactive Forms by Adobe).

Nach ersten Jahren als Softwareentwickler wechselte er 1995 zur SAP. Im Schulungsbereich unterwies er zunächst Kunden sowie interne Kollegen in den Themen SAP-Systemadministration, Performance und Tuning von SAP-Systemen. Seit dem Wechsel innerhalb der SAP Education in den Themenbereich ABAP-Programmierung gehören zu seinen Spezialgebieten u. a. ABAP-Grundlagen, ABAP Objects, ABAP-Performance/Monitoring/Tuning, Schnittstellen für Datenmigration, lösungsorientiertes Debugging, SAP HANA sowie das SAP Formularwesen mit SAPscript, Smartforms, SAP Interactive Forms by Adobe (SIFbA).

In über 80 internationalen Kundenschulungen seit 2006 sammelte Axel Treusch sehr viel Erfahrung im Umgang mit dem Adobe LiveCycle Designer und PDF-basierten Geschäftsprozessen.

Kontaktieren Sie Axel Treusch unter AxelTreusch@posteo.de.

B Index

A

B

C

D

R

S

T

U

C Disclaimer

Die in diesem Werk wiedergegebenen Gebrauchsnamen, Handelsnamen, Warenbezeichnungen usw. können auch ohne besondere Kennzeichnung Marken sein und als solche den gesetzlichen Bestimmungen unterliegen. Sämtliche in diesem Werk abgedruckten Bildschirmabzüge unterliegen dem Urheberrecht der SAP SE, Dietmar-Hopp-Allee 16, 69190 Walldorf.

In dieser Publikation wird auf Produkte der SAP SE Bezug genommen. SAP, R/3, SAP NetWeaver, Duet, PartnerEdge, ByDesign, SAP BusinessObjects Explorer, StreamWork und weitere im Text erwähnte SAP-Produkte und -Dienstleistungen sowie die entsprechenden Logos sind Marken oder eingetragene Marken der SAP SE in Deutschland und anderen Ländern. Business Objects und das Business-Objects-Logo, BusinessObjects, Crystal Reports, Crystal Decisions, Web Intelligence, Xcelsius und andere im Text erwähnte Business-Objects-Produkte und -Dienstleistungen sowie die entsprechenden Logos sind Marken oder eingetragene Marken der Business Objects Software Ltd. Business Objects ist ein Unternehmen der SAP SE. Sybase und Adaptive Server, iAnywhere, Sybase 365, SQL Anywhere und weitere im Text erwähnte Sybase-Produkte und -Dienstleistungen sowie die entsprechenden Logos sind Marken oder eingetragene Marken der Sybase Inc. Sybase ist ein Unternehmen der SAP SE. Alle anderen Namen von Produkten und Dienstleistungen sind Marken der jeweiligen Firmen. Die Angaben im Text sind unverbindlich und dienen lediglich zu Informationszwecken. Produkte können länderspezifische Unterschiede aufweisen.

Der SAP-Konzern übernimmt keinerlei Haftung oder Garantie für Fehler oder Unvollständigkeiten in dieser Publikation. Der SAP-Konzern steht lediglich für SAP-Produkte und -Dienstleistungen nach der Maßgabe ein, die in der Vereinbarung über die jeweiligen Produkte und Dienstleistungen ausdrücklich geregelt ist. Aus den in dieser Publikation enthaltenen Informationen ergibt sich keine weiterführende Haftung.

Weitere Bücher von Espresso Tutorials

Eik Sunke:

Cloud-Entwicklung in SAP HANA®

- Einstieg in die cloudbasierte Softwareentwicklung
- SAP-HANA-XSA-Plattform für eigene Softwareprojekte verwenden
- Entwickeln mit HANA CDS, Java, Node.js, Python und SAPUI5
- Inklusive vollständiger MTA-Beispielanwendung

http://5516.espresso-tutorials.de

Jörg Böke:

Schnelleinstieg in SQLScript für SAP HANA®

- Einführung in SAP HANA SQLScript
- Anwendungsbeispiele von SQLScript in Prozeduren, Funktionen und BW/4HANA
- SQLScript in ABAP Core Data Services (CDS) für Reportingzwecke
- Tipps und Tricks für den performanten Einsatz von SQLScript

http://5519.espresso-tutorials.de

Viktor Laufer, Rüdiger Deppe:

ABAP-Programmierung unter SAP S/4HANA®

- Entwicklungsumgebung: HANA-Objekte mit Eclipse entwickeln
- Datenbankprogrammierung: Sichten auf der SAP-HANA-Datenbank anlegen
- Vergleich: SQLScript versus die alten ABAP-Befehle
- HANA-spezifische Techniken: Textsuche und Entscheidungstabellen

http://5533.espresso-tutorials.de

Tobias Steckenborn:

Schnelleinstieg SAP Business Technology Platform (BTP) – Services und Integration

- Anwendungsentwicklung in der Cloud
- Verwendung des SAP Cloud Application Programming Model
- Unterstützende Services der Cloud-Foundry-Umgebung
- Überblick über Integrationsmöglichkeiten

http://5642.espresso-tutorials.de

Johannes Gerbershagen:

Praxishandbuch SAP® Gateway

- Basis des Programmiermodells ABAP RESTful
- SAP-seitige Implementierung des OData-Protokolls
- Schnittstelle für UI5-Apps
- Praxisnahe Tipps für Entwicklung, Test und Debugging

http://5648.espresso-tutorials.de

Dr. Boris Rubarth:

Schnelleinstieg in SAP ABAP®

– 2., erweiterte Auflage

- Schritt-für-Schritt-Anleitungen für Anfänger
- Hilfen für Ihre erste eigene ABAP-Anwendung
- Tipps und Tricks für das Programmieren in ABAP
- Entwicklung mit den ABAP Development Tools (ADT)

https://es-tu.de/amfw2F